事業者必携

入門図解 中小企業経営者のための **法人税と決算書のしくみと手続き**

公認会計士
北川ワタル 監修

三修社

本書に関するお問い合わせについて
　本書の内容に関するお問い合わせは、お手数ですが、小社あてに郵便・ファックス・メールでお願いします。お電話でのお問い合わせはお受けしておりません。内容によっては、ご質問をお受けしてから回答をご送付するまでに1週間から2週間程度を要する場合があります。
　なお、個別の案件についてのご相談や監修者紹介の可否については回答をさせていただくことができません。あらかじめご了承ください。

はじめに

　江戸時代、旅籠屋や質屋などは幕府や藩に冥加金を上納し、問屋や紙漉など一定の商工業に従事する者は領主に運上金を納付していました。しかし、現在見られるような法人税の歴史は意外と浅く、明治32年２月に所得税法が全面改正される形で法人課税が導入されたのが始まりでした。法人が１つの経済単位であり、税を負担すべき者であるという考え方は、ある意味、斬新な発想ともいえるのかもしれません。

　本書は、ややもすればテクニカルな技法である決算と法人税申告の体系をわかりやすく概説した入門書です。第１章の「法人税と決算書」では法人税がどのような税金であり、企業の会計処理や決算書とどのように関係しているのかを俯瞰します。第２章「決算書の全体像」～第４章「貸借対照表の読み方」では会計の全体像と決算書の中心をなす損益計算書と貸借対照表の構造について丁寧に解説しています。第５章「決算書の指標の見方」と第６章「BS・PLの理解を深めるためのポイントと活用方法」では決算書を効果的に読み解くためのコツ、第７章「その他の決算書の読み方」では株主資本等変動計算書などにスポットを当てています。そして、第８章「法人税申告書、決算書作成のしかた」では会計帳簿をもとに法人税申告書を作成するまでのプロセスを解説しています。法人税申告書のどこに何が書かれているのかという疑問はこの章を読んでいただければ解消することでしょう。

　本書の執筆にあたっては最新の平成30年度税制改正までの内容を織り込んでいます。また、2019年10月１日以降に地方法人特別税が廃止されることに伴う地方税率の変更についてもフォローしています。

　本書をご活用いただき、企業会計および法人税申告に対する皆様のご理解にお役立ていただければ監修者として幸いに存じます。

　　　　　　　　　　　　　　　　　監修者　北川　ワタル

Contents

はじめに

第1章　法人税と決算書

1. なぜ法人税のしくみを理解する必要があるのか　　10
2. 法人税とはどんな税金なのか　　14
   - Q　法人税はどんな法令で定められていますか。また、実務を行う上では、何を参考にすればよいのでしょうか。　　18
   - Q　「中小企業の会計に関する指針」とは、どのようなものなのでしょうか。　　19
3. 決算書はどのように作成されているのか　　20
4. 決算書の内容を見ていこう　　23
5. 貸借対照表を見ていこう　　25
6. 貸借対照表の勘定科目について知っておこう　　27
7. 損益計算書を見ていこう　　30
8. 損益計算書の勘定科目について知っておこう　　34
9. 税務会計と企業会計について知っておこう　　37
10. 税務調整について知っておこう　　39

第2章　決算書のしくみ

1. 決算書の役割を知っておこう　　42
2. 決算書を知るには簿記の理解が不可欠　　44
3. 勘定科目を覚えよう　　50
4. 決算書はB/SとP/Lが基本である　　53

5	その他こんな決算書類もおさえておこう	55

第3章　損益計算書のしくみ

1	損益計算書の区分はどうなっているのか	58
2	発生原因別に区分された利益を見る	60
3	売上高と売上原価の勘定科目を知っておこう	63
4	販売費及び一般管理費の勘定科目は様々である	65
5	販売費及び一般管理費のメインは人件費	67
6	営業外損益、特別損益の勘定科目を知っておこう	69
7	5つの利益から儲けのしくみを理解する	71
8	費用は変動費と固定費に分けられる	75
9	利益がゼロとなる損益分岐点を考えてみよう	77
10	製造原価報告書も見てみよう	81

第4章　貸借対照表のしくみ

1	貸借対照表とはどんな書類なのか	86
2	勘定科目の設定は慎重に行う	90
3	流動資産とはどんなものなのか	92
4	流動資産の勘定科目を知っておこう	94
5	固定資産とはどんなものなのか	96
6	固定資産の勘定科目を知っておこう	100

7	繰延資産と勘定科目について知っておこう	103
8	「資産の部」はこう読む	106
9	「負債の部」を詳しく見てみよう	110
10	負債の勘定科目を知っておこう	112
11	引当金の取扱いについて知っておこう	114
12	「純資産の部」を詳しく見てみよう	116
13	「負債の部」「純資産の部」はこう読む	119
14	勘定式と報告式について知っておこう	121
Column　取得原価とは何か		124

第5章　決算書の指標の見方

1	決算書を分析してみる	126
2	貸借対照表の左右を比較して会社の安定性を判断する	128
3	会社の安定性を測る基準にはどんなものがあるのか	132
4	会社の収益力を測る基準にはどんなものがあるのか	135
5	売上高との関係で収益力を判断する	138
6	会社の資金繰りを測る基準にはどんなものがあるのか	140

第6章　BS・PLの読み方

1	貸借対照表と損益計算書はどう違うのか	144
2	費用や売上はいつ計上するのか	152
3	費用と収益の対応関係を知っておこう	155
4	損益計算書の数字を読むときのコツをつかもう	157

5　損益計算書の数値を比較してみよう	161
6　「利益」と「資金」の違いをおさえよう	167
7　運転資金を少なくすれば資金繰りは楽になる	169

第7章　その他の決算書の読み方

1　株主資本等変動計算書を見てみよう	172
2　キャッシュ・フロー計算書とはどのようなものか	174
3　キャッシュ・フロー計算書を見てみよう	176
4　キャッシュ・フローは3つに分けられる	178
5　連結決算書について知っておこう	182

第8章　法人税申告書、決算書作成のしかた

1　決算や法人税申告のための経理の役割について知っておこう	188
2　会計帳簿について知っておこう	192
3　法人税の申告書を作成する	196
4　必ず作成する別表について知っておこう	198
5　別表二を作成する	201
6　別表一（一）を作成する	203
7　別表四・別表五（一）を作成する	205
8　別表五（二）を作成する	207
9　その他の別表を作成するケースについて知っておこう	208
書式　法人税申告書 別表一（一）	213
別表一（一）次葉	214

　　　　別表二　　　　　　　　　　　　　　215
　　　　別表四（簡易様式）　　　　　　　216
　　　　別表五（一）　　　　　　　　　　217
　　　　別表五（二）　　　　　　　　　　218
　　　　別表六（一）　　　　　　　　　　219
　　　　別表十五　　　　　　　　　　　　220
　　　　別表十六（二）　　　　　　　　　221
　　書式　別表七（一）　　　　　　　　　222
　　書式　別表十一（一）　　　　　　　　223
　　書式　別表三（一）　　　　　　　　　224
　　書式　事業年度分の適用額明細書　　　225
10　申告手続きについて知っておこう　　　　226
11　青色申告をするための手続きについて知っておこう　229
　　書式　青色申告承認申請書　　　　　　231
12　法人住民税について知っておこう　　　　232
　　　Q　地方法人税とはどんな税金なのでしょうか。　235
13　法人事業税について知っておこう　　　　236
　　書式　事業税・都民税確定申告書　　　240
14　決算書作成のためにまず試算表を作成し、確認する　241
15　決算整理について知っておこう　　　　　243
16　決算書を作成する　　　　　　　　　　　248

索　引　　　　　　　　　　　　　　　　　　254

第1章
法人税と決算書

1 なぜ法人税のしくみを理解する必要があるのか

法人税のことを知らずに会社を経営することはできない

■■ 法人税のことを知っておくとこんなメリットがある

　法人税と聞くと、ちょっと難しいイメージを持つ人がいるかもしれません。しかし、きちんと法人税のことを理解しておけば、事業を行っていく際に適切な行動を選択できます。その結果、会社のキャッシュ・フローの面でいろんなメリットを享受できる可能性があるのです。では、そのうちのいくつかのメリットをご紹介しましょう。

① 前年に支払った法人税を還付できる

　前年に利益が出たために法人税を支払ったものの、次の年に赤字になった場合、前年に支払った法人税を取り戻すことができるという制度があります（青色欠損金の繰戻還付）。この制度が利用できるのはⓐ資本金１億円以下の中小企業です。制度の適用を受けるためにはその他にも、ⓑ赤字の年の青色申告書を期限内に提出していること、ⓒ連続して青色申告書を提出していること、ⓓ還付請求書を提出していること、などの要件を満たす必要があります。制度の内容を理解し、適切な行動を取らなければ、還付できたはずの法人税も取り戻すことはできなくなってしまいます。

② 税金面で有利になる時期に会社を設立できる

　個人事業者として事業活動を始め、いつかは会社を設立しようと考えることもあります。では、どのタイミングで会社を設立すればよいのでしょうか。会社を設立すれば、取引の面でも信用を得やすくなるというメリットがありますが、税金面でも変わってくる点があります。この点をふまえて、会社を設立するタイミングを検討するとよいでしょう。個人事業者と異なり、会社の場合は、繰越欠損金の繰越期間

が長くなったり、生命保険料の一部が経費扱いになるなどの有利な面があります。一方で、赤字であっても毎期7万円程度支払わなければならない住民税の均等割という制度もあります。税金面での法人のメリット、デメリットを理解しておけば、より税金面で有利なタイミングで会社を設立することができるでしょう。

③ 法人税の申告にあたって有利な選択ができる

法人税の申告をする際、たとえば自動車税を購入時の経費とするか、その後何年かにわたって経費としていくかなど、経理処理などに関する選択が必要になる場面が出てきます。一度選択した方法は、基本的に毎期変更することはできません。それらの方法の内容をよく理解していれば、会社にとって有利になる方法を選択して法人税を申告することができます。

■ 法人税を理解していないとこんなデメリットがある

法人税を理解していれば会社にとってメリットがあるということを述べてきましたが、逆に法人税のことを理解していなかったばかりに不利益を被ってしまうこともあります。具体的にどんなデメリットがあるのか、見てみましょう。

① 法人税を考慮しない計画は融資の際に不利となる

新規事業への投資のために資金が必要な場合など、自社の資金でまかなえないときは銀行に融資を申し込むことになります。その際、銀行に事業計画を提出することになりますが、銀行は事業が計画通りに進められるかだけではなく、法人税を支払えるかという点も見ています。その上で、融資額を返済する能力がその会社にあるかを厳しくチェックしているのです。そのため、法人税の支払いを無視した資金計画を提出しても、銀行は融資をしてくれません。

② 黒字倒産のリスクがある

黒字となっている限り、会社は法人税を納付しなければいけません。

しかも、法人住民税、地方法人税、事業税と合わせて約30％（うち平成30年４月以後開始する事業年度の法人税率23.2％）という割合を納付しなければならないのです。そのため、取引先からの入金が予定よりも遅れてしまったり、借入金を早めに返済した場合には、法人税の支払いのせいで資金繰りが大変厳しくなることがあります。もちろん法人税の金額は、借入金の返済などといった事情を考慮して安くしてもらえるものではありません。ここで、新たな借入ができなかった場合は、黒字倒産の危機に陥ってしまうこともあります。

また、在庫を増やしすぎてしまった時も、仕入代金の支払いにお金が多く出て行ってしまうため、法人税を支払う資金が不足してしまうことがあります。

このようなことから、法人税の支払いのこともきちんと考慮して、在庫管理や借入金の返済スケジュールなどを組んでおく必要があるのです。

■ 法人税を正しく理解し、節税対策をする

法人税を正しく理解していれば、会社に合った節税対策を実行でき、余計な税金を支払わなくてすみます。節税対策には大きく分けて、①お金の支払いを伴う節税対策と、②お金の支払いを伴わない節税対策があります。

お金の支払いを伴う節税対策として、たとえば飲食等にかかる交際費を１人当たり5,000円以下となるように支払う場合があります。基本的に交際費は経費扱いにはならないのですが、１人当たり5,000円以下での飲食等の支出であれば経費として扱うことができます。その他、１年以内に発生する一定の条件を満たした費用を前払いにすること（支払った時期の経費として扱うことが認められている）なども、お金の支払いを伴う節税対策です。一方で、これらの節税対策を実行することは、その分だけお金が出ていくことにもつながります。その

ため、現在の資金繰りに余裕のない会社にとっては、ますます資金繰りが苦しくなる結果になることもあります。

では、資金繰りに余裕のない会社は節税対策をとることはできないのでしょうか。節税対策の中にも、お金の支払いを伴わないものがあります。たとえば、毎期費用を計上していく減価償却について、より節税となるような方法を選択することがあげられます。資本金1億円以下の中小企業であれば、30万円未満で取得した固定資産を一括で費用に計上することができます。これにより、もともとの支出額を変えずに、固定資産を購入した年度の節税をすることができます。同じく減価償却方法に関する節税対策としては、特別償却（193ページ）をすることにより、より多くの減価償却費用を前倒しで計上できる場合もあります。

この他、お金の支払いを伴わない節税対策としては、貸倒引当金（114ページ）や未払費用（たとえば保険料を翌期に一括で年払いするものの、契約上は今期からであるというように、正しい利益を計算するために費用を見越し計上するもの）を計上することや、税額控除を活用することなどがあります。これらは、決算の処理でできる節税対策ですので、ぜひ活用していきたい方法です。

■ 法人税を理解するメリットと理解しないデメリット

法人税：会社などの法人が、事業年度中に稼いだ利益に対して課税される国税

法人税を理解する	→	・税金の還付のための適切な行動をとることができる ・設立や申告において適切な時期や方法を選択できる ・会社に合った節税対策を実行できる
法人税を理解しない	→	・融資を受けにくくなる可能性がある ・黒字倒産のリスクをもたらす

2 法人税とはどんな税金なのか
法人にかかる税金である

■ どのような税金なのか

　法人税とは、株式会社などの法人が、事業年度（通常は1年間）中に稼いだ利益（所得）に対して課される国税です。つまり、法人の利益（所得）を基準として法人に課される税金であり、広い意味での所得税の一種です。

　個人の所得に対して課される税金を所得税というのに対し、法人の利益（所得）に対して課される税金を法人税というわけです。

■ 法人にもいろいろある

　法人とは、法律で人格を与えられた存在です。法律が定める範囲内で1人の人間のように扱われ、会社名で契約をしたり、預金や借入ができるように、権利・義務の主体となることができます。

　法人税法上の法人は、内国法人（日本に本店等がある法人）と外国法人（外国に本店等がある法人）に大きく分けられます。内国法人は、ⓐ公共法人、ⓑ公益法人等、ⓒ協同組合等、ⓓ人格のない社団等、ⓔ普通法人の5つに分類されます。外国法人は、ⓕ普通法人、ⓖ人格のない社団等の2つに分類されます。株式会社や合同会社は普通法人に分類されます。

■ 利益も所得も内容的には同じ

　法人税は、株式会社など法人の利益にかかる税金です。「利益」は収益から費用を差し引いて求めます。正しくは、この「利益」に一定の調整を加えて、法人税の課税対象となる「所得」を求め、この「所

得」に法人税が課税されることになっています。正確な課税所得の計算方法については後述することとし（38ページ）、ここでは、法人税は「利益」に対して課税されるということにしておきます。したがって、欠損会社（赤字会社）には法人税はかかりません。

　地方税である法人住民税には、法人税を課税のベースにする法人税割という部分があります。欠損会社の場合、この法人税割は課税されませんが、均等割と呼ばれる定額部分が課税されます。これは、社会への参加費用のようなものです。定額部分は、資本金と従業員数によって金額が異なります。東京都の場合、資本金1000万円以下で従業員が50人以下の法人では年間7万円となっています。

　また、事業税の場合も、外形標準課税の対象とならない資本金1億円以下の法人であれば、欠損会社には課税されません。

　なお、法人はその種類によって、ⓐ納税義務の有無、ⓑ課税対象となる所得の範囲、ⓒ課税時の税率が異なります。内国法人・外国法人の主な内容をまとめると、以下のようになります。

① 　公共法人（地方公共団体、日本放送協会など）の場合は、納税義務がありません。
② 　公益法人等（宗教法人、学校法人など）の場合は、所得のうち収益事業から生じる所得に対してのみ法人税がかかります。また、低税率での課税となります。
③ 　協同組合等（農業協同組合、信用金庫など）は、すべての所得に対して共同組合等に適用される税率で法人税がかかります。
④ 　人格のない社団等（ＰＴＡ、同窓会など）は、所得のうち収益事業から生じる所得に対してのみ法人税がかかります。
⑤ 　普通法人（株式会社、医療法人など）の場合は、すべての所得に対して普通税率での課税となります。

■■ 法人税は会社の「利益」にかかる

法人税の概要について見ていきましょう。

① 納税義務者

法人税は法人が納税義務者です。法人は、法律によって法人格を与えられ、社会的に「人格」をもつ存在です。1人の人間のように扱われ、会社名で契約をしたり、預金や借入ができるように、法律が定めた範囲内で権利・義務の主体になることができます。むしろ、取引額は個人より法人の方がはるかに大きいのですから、税金を課されて当然です。

また、法人を取り巻く利害関係者は、一般消費者や投資家にとどまらず、社会全体であるともいえます。程度の大小はあっても、社会全体に影響を及ぼしうる法人には、社会的責任が伴います。法人が得た利益から一定の税金を徴収し、徴収した税金が国や地域の社会生活に還元されるという一連の役割を担ってこそ、法人は社会的責任を果たすという意味もあります。

② 課税の基準となるもの

課税の基準となるものを「課税標準」と呼びます。法人税の課税標準は会社の「利益」です。「利益」は収益マイナス費用として計算されます。正確には、この会社の「利益」に一定の調整をした「課税所得」が法人税の課税標準となります。

③ 税額計算の対象期間

法人税では、会社法の規定により定款で定めた1年以下の期間である「事業年度」が計算の対象期間になります。この事業年度の利益を基に計算された課税所得に対して法人税が課され、事業年度終了の日の翌日から2か月以内に確定申告書を提出することになります。

④ 課税方法と税率

法人税では、法人の事業活動から生じた利益を集計し、その利益に税率を乗ずることで税金を計算します。また、様々な税額控除の制度が用意されています。税額控除とは、利益をもとに計算された税金に

対し、一定の金額を直接差し引くことができるというものです。配当に対して所得税が課された場合や外国所得に対して外国の税金が課された場合など一定の場合に税額控除を適用することができます。税額控除の中には、継続雇用者に対する給与等支給額を引き上げた場合に適用される控除のように、政策的かつ時限的に設けられた制度もあります。税率も、所得税のような超過累進税率ではなく、一定税率になっており、法人の種類や資本金の規模によって決まっています。

⑤　申告と納付

　法人税は、納税義務者である法人が自ら計算を行い、申告と納税を行います。法人は、株式会社の場合、企業会計原則などに基づいて決算を行い、貸借対照表や損益計算書などの決算書を作成して、株主総会において承認を受けることになります。この損益計算書に記載されている当期純利益をもとに、法人税の課税標準となる所得金額と法人税額を計算して、法人税の申告書等を作成します。

　法人税の申告書の提出期限は、事業年度終了の日の翌日から2か月以内となっています。納税も事業年度終了の日の翌日から2か月以内に行わなければなりません。

■ 法人税法上の法人

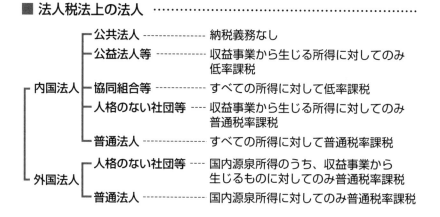

Q 法人税はどんな法令で定められていますか。また、実務を行う上では、何を参考にすればよいのでしょうか。

A 法人税に関する規則は、いくつかの法令で成り立っています。最も中心的な存在は、法人税法です。法人税の納税義務者、課税される所得の範囲、課税される期間、場所など基本的な事柄は法人税法に定められています。さらに、法人税法の各規定に関する詳細な内容については法人税法施行令で、手続きに関する事項については法人税法施行規則で定められています。税金の納付方法など、すべての税法に共通する事項については国税通則法で定められています。

たとえば、中小企業支援、雇用対策など一定の政策方針に基づいて、一部の法人にのみ特別に減税などの措置がとられる場合があります。このような特例については、租税特別措置法により、期間を限定して定められます。租税特別措置法に関するさらに詳細な内容については租税特別措置法施行令、手続関係については租税特別措置法施行規則で、それぞれ定められています。

法人税法など税法の条文には難解で予備知識が必要な税法用語が多数使われており、慣れない人には読みづらいものとなっています。そこで、法令ではありませんが、国税庁が具体的な事例や処理方法について示した通達というものが参考になります。これは、税務職員が法令等を解釈するための指針であり、実務に即した形で細かい内容が記載されています。この他にも、国税庁のホームページで公開されているタックスアンサーでは、よくある質問とその回答について、項目ごとに整理されています。通達やタックスアンサーには、とくに判断に迷うような、誤りやすい事例について記載されており、実務を行う上では、大変参考になります。ただし前提として、法人税に関するごく基本的な知識については、身につけておく必要があります。

Q　「中小企業の会計に関する指針」とは、どのようなものでしょうか。

A　「中小企業の会計に関する指針」とは、中小企業が決算書を作成するに際して準拠することが望ましいとされる会計ルールのことをいいます。日本税理士会連合会、日本公認会計士協会、日本商工会議所、企業会計基準委員会の民間4団体が、中小企業にとって適切な会計ルールでありながらも過度な負担とならないものとして「中小企業の会計に関する指針」を作成、公表しています。

上場企業や大規模企業では、企業会計原則をはじめとする各会計基準、財務諸表等規則、会社計算規則など会計処理や表示方法を厳密に定めたルールに従って決算書を作成しています。このような企業には株主や債権者など多くの利害関係者がいるため、公正妥当な決算書を作成する必要があります。

一方、中小企業の場合は大企業ほど利害関係者が多いわけではなく、決算書を見るのは基本的に経営者や税務署といった限られた人だけです。それでも、資金調達や業務拡大をしていく過程で、金融機関や取引先が決算書を見ることがあります。このような理由から、中小企業においても第三者から見てわかりやすい決算書を作成する必要があると考えられています。そうしたニーズを満たすルールとして「中小企業の会計に関する指針」があります。

「中小企業の会計に関する指針」が決算書の作成に際して適切に適用されているかを確認するための書類として、日本税理士会連合会が作成した「中小企業の会計に関する指針の適用に関するチェックリスト」があります。このチェックリストを使用することで、「中小企業の会計に関する指針」に従った会計処理方法や注記内容になっているかを勘定科目ごとに確認することができます。

3 決算書はどのように作成されているのか

経理ができなくても会計はわかる

■ 決算と経理の関係

　法人税申告書には、確定した事業年度の決算についての決算書を添付します。決算とは、一定期間に会社が行った取引を整理し、会社の経営成績及び財政状態を明らかにするための手続のことです。決算を行うためには、その前提となる経理業務が必要になります。

　経理とは、会社の行った取引を記録することです。経理の目的は、会社の儲けや財産の状況を把握することにあります。それにより、経営者や管理者は会社の経営状態を知り、今後の経営戦略を決定します。また、経理業務を通じて作成した情報は株主その他の関係者に報告する必要があります。そのための報告書が決算書です。

　複式簿記では、1つひとつのお金の動きを、仕訳と呼ばれる形式でもれなく記録していきます。このときに経理担当者が内容を判断して、売上、備品、交際費など内容を示す項目名（勘定科目）をつけて仕訳をしていきます。仕訳された後は、元帳や試算表といった各種帳票として社内で決められた方法で整理されます。このように、複式簿記の技術を用いてお金の動きを伝票や帳簿類に記録、整理することが経理の仕事です。一方、決算書を読めるようになるために必要なのは会計の知識です。会計とは、経理により整理された会社の状況を、会社外部の人が見てもわかるような形にするための一定のルールです。

　なお、決算書作成の過程を経理、これを決算書にしていくことを会計と呼ぶ場合や、会計を含むすべてを経理と呼ぶ場合があり、経理と会計の違いについては実はいくつかの立場があるようです。

■ 決算書類の構成

　仕訳は簿記のスタートです。簿記は決算が最終目的です。では、仕訳はどのように決算に結びついていくのでしょうか。

　決算書類の貸借対照表や損益計算書は、「資産」「負債」「純資産」「収益」「費用」の5つの要素によって構成されています。

　まず貸借対照表は、「資産」「負債」「純資産」で構成され、「資産」＝「負債＋純資産」という関係にあります。一方、損益計算書は、「収益」「費用」で構成され、「費用（＋利益）」＝「収益」という関係にあります。

　すべての取引は、2つ以上の勘定科目を使って借方（左側）と貸方（右側）に仕訳しなければなりません。勘定科目は、「資産」「負債」「純資産」「収益」「費用」の5つの要素のどれかに仕訳されます。

■ 経理と会計の違い

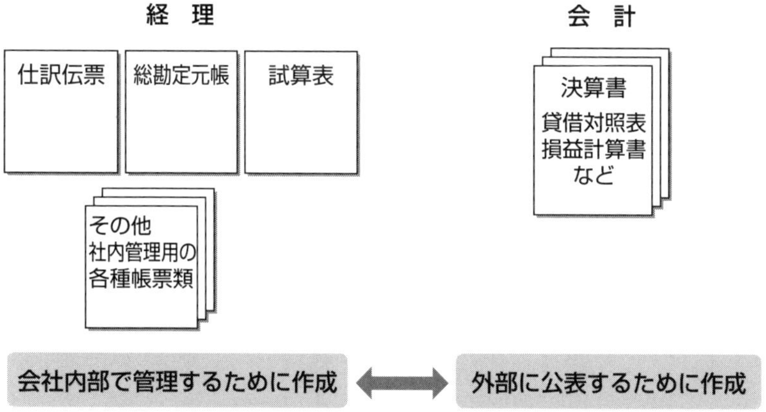

経理
- 仕訳伝票
- 総勘定元帳
- 試算表
- その他社内管理用の各種帳票類

会計
- 決算書
- 貸借対照表
- 損益計算書 など

会社内部で管理するために作成 ⇔ 外部に公表するために作成

※上図は、お金の動きを伝票や帳簿類に記録・整理することを「経理」とし、経理により整理された会社の状況を会社外部の人が見てもわかるような形にするための一定のルールを「会計」とする立場に基づいて作成したもの

■■ 事業年度ごとに損益を判断する

　会社は将来にわたって事業活動を続けることを前提に運営されています。こうした考え方を継続企業の前提（ゴーイング・コンサーン）と呼んでいます。つまり、会社は基本的に継続企業と考えられます。そのため、会社がトータルで儲かったのか、損をしたのかは、最終的に会社が事業をやめるまで、つまり解散するまでわからないわけです。

　ただ、これでは、会社の利害関係者は、半永久的に会社の財政状態や経営成績の情報を入手できません。経営者も、会社の経営が順調なのか危険な状態なのかわかりませんし、一般投資家も、儲かっている会社なのか損を出している会社なのかわからないため、投資の判断ができません。税金を徴収する税務当局も、会社が事業をやめるまで待っていると、その間の税収がなく、国家財政が破たんしてしまいます。

　このような弊害があるため、一定の期間を人為的に区切って、その期間の会社の損益がいくらになったのかがわかるようにしています。

　この一定の期間を会計期間または事業年度といい、通常その期間は1年ごとに区切られています。

　なお、会社の設立から解散までの存続期間全体を1つの会計期間とみなして損益を計算する「全体損益計算」も理論的には考えられます。

■ 決算の概要

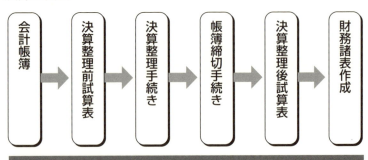

会計帳簿 → 決算整理前試算表 → 決算整理手続き → 帳簿締切手続き → 決算整理後試算表 → 財務諸表作成

財務諸表を作成するための一連の手続きを決算という

4 決算書の内容を見ていこう

会社の1年間の経営活動の成績表である

■ 決算書とは何か

　決算書とは、一連の決算作業の結果作成された、会社の一定期間の経営成績や財政状態をまとめたものです。

　決算書と一口にいいますが、この決算書は適用される法律に応じていくつかの必要書類によって構成されています。たとえば会社法では、計算書類として、貸借対照表・損益計算書・株主資本等変動計算書・個別注記表を定めています。

　また、金融商品取引法では、「財務諸表等規則」に財務諸表として、貸借対照表・損益計算書・株主資本等変動計算書・キャッシュ・フロー計算書を定めています。

　以下、決算書の各書類の概要について見ていきましょう。

① 貸借対照表

　資産、負債、資本を表示する報告書であり、企業の一定時点における財政状態を明らかにするものです。会社法に準拠した貸借対照表で

■ 決算書とは

会　社　法 （計算書類）	金融商品取引法 （財務諸表）
貸借対照表	貸借対照表
損益計算書	損益計算書
株主資本等変動計算書	株主資本等変動計算書
個別注記表	キャッシュ・フロー計算書

は、資本の区分は「純資産の部」と呼ばれ、「株主資本」「評価・換算差額等」「新株予約権」の3区分表示となっています。

② **損益計算書**

一会計期間（通常は1年間）における企業の経営成績を明らかにするために作成される書類で、一会計期間の儲けである利益を収益と費用の差額として表わしたものです。会社法に準拠した損益計算書では、「売上高」「売上原価」「販売費及び一般管理費」「営業外収益」「営業外費用」「特別利益」「特別損失」の7区分の収益・費用を加減算し、「当期純利益」に至るまでの各段階損益を表示します。

③ **株主資本等変動計算書**

剰余金の配当、当期純利益の計上、資本項目間の振替（たとえば、剰余金から準備金への組入れのように資本金・準備金・剰余金相互間で計数を変動させること）などによる「純資産の部」の動きを明らかにする計算書です。資本金、資本準備金、繰越利益剰余金といった「純資産の部」の項目ごと、また変動事由ごとに変動額が示されます。なお、株主資本以外の項目（その他有価証券評価差額金等）に関しては、変動額は変動事由ごとではなく、純額で表示されます。

④ **個別注記表**

各計算書類の注記をまとめて掲載する書類です。作成すべき注記表は、会計監査人設置会社かどうか、公開会社かどうか、有価証券報告書の提出義務があるかどうかにより異なります。なお、独立した1つの表にする必要はなく、脚注方式で記載することもできます。

⑤ **キャッシュ・フロー計算書**

企業の一会計期間におけるキャッシュ（現金及び現金同等物）の収支を報告するために作成される計算書です。いくら売上をあげても、その代金がキャッシュとして回収されなければ資金繰りが苦しくなり、最悪の場合には倒産に至ります。キャッシュ・フロー計算書を作成することで、会社の資金の流れを明らかにすることができるのです。

5 貸借対照表を見ていこう

左側に資産の運用形態、右側に資金源が表示されている

■■ 貸借対照表は一定時点の財政状態を表示する

　貸借対照表は企業の財政状態を表わした表です。財政状態は月末や決算日など一定時点の状態を表わしたものです。

　決算書を「読める」ようになるための第1段階として、決算書自体に慣れるところから始めてみましょう。ここでは、貸借対照表の様式と内容を確認していきます。

① 　タイトル・日付

　貸借対照表というタイトルを一番上に表記し、次に、いつ時点の財政状態を表わしているかを明らかにします。たとえば「平成31年3月31日現在」というように表記します。

② 　「資産の部」「負債の部」「純資産の部」

　貸借対照表は、「資産の部」「負債の部」「純資産の部」の3つの部分で構成されています。

　資産、負債、純資産のそれぞれ一番下の部分に「資産合計」「負債合計」「純資産合計」といった具合に合計額が表示されています。この合計額から見ていくと、その会社の全般的な特徴が見えてくることがあります。たとえば、資産合計5億円、負債合計1億円、純資産合計4億円の会社があれば、「この会社は、全部で5億円分の何らかの資産を持っている」ということは貸借対照表を見ればすぐにわかると思います。また、「負債が1億に対して純資産が4億円ということは、借金より自己資本の方が多い会社である」など会社の大まかな特徴が見えてくるはずです。

第1章 ◆ 法人税と決算書

■「資産の部」「負債の部」「純資産の部」とは

　左が資産、右上が負債、右下が純資産というように貸借対照表の様式を頭に入れておきましょう。このうち、左側の「資産の部」は会社が調達した資金の使い途を表わしています。「資産の部」の合計は「総資産」とも呼ばれます。これに対して、右側の「負債の部」と「純資産の部」は資金をどこから調達したかを表わしています。つまり、企業活動を行うための資金を金融機関など債権者から調達した部分（負債）と株式の発行などにより調達した部分（純資産）に分けて表示しているのです。そして、「資産の部」の合計額は、「負債の部」と「純資産の部」を加えた合計額と常に等しくなります。貸借対照表は、バランスシートあるいはB/S（ビーエス）とも呼ばれています。

■ 貸借対照表の構成と記載内容

貸借対照表
平成31年3月31日現在　　　　　　　　　　（単位:円）

資産の部	負債の部
Ⅰ　流動資産 　　　　　　　　　　流動資産合計 Ⅱ　固定資産 　1　有形固定資産 　　　　　　　　有形固定資産合計 　2　無形固定資産 　　　　　　　　無形固定資産合計 　3　投資その他の資産 　　　　　　投資その他の資産合計 　　　　　　　　　　固定資産合計 Ⅲ　繰延資産 　　　　　　　　　　繰延資産合計	Ⅰ　流動負債 　　　　　　　　　　流動負債合計 Ⅱ　固定負債 　　　　　　　　　　固定負債合計 　　　　　　　　　　　　負債合計 純資産の部 Ⅰ　株主資本 　1　資本金 　2　資本剰余金 　　　　　　　　　資本剰余金合計 　3　利益剰余金 　　　　　　　　　利益剰余金合計 　4　自己株式 　　　　　　　　　　株主資本合計 Ⅱ　評価・換算差額等 　　　　　　　評価・換算差額等合計 Ⅲ　新株予約権 　　　　　　　　　　　純資産合計
資産合計	負債・純資産合計

6 貸借対照表の勘定科目について知っておこう

取引ごとに名称をつけてお金の使い途を明確にする

■ 勘定科目で内容がわかる

次に、5つの大きな決算書項目の中に設定する「取引や事象のラベル」とでもいうべき勘定科目について見ていきましょう。勘定科目とは、簡単に言うと資産、負債、純資産、収益、費用の5つのカテゴリーに分類された決算書項目のさらに内訳ということになります。1つひとつの取引ごとに、その内容がわかるような名称をつけて、会社が何にお金を使ったのかを外部の人が見ても明確になるように示します。勘定科目は、会社計算規則などの法律や商慣習で主な名称が決まっていますが、自社の業態に応じて自由に設定することもできます。通常は会計ソフトの勘定科目の中から適したものを選択します。

■ 貸借対照表の勘定科目

まず貸借対照表の勘定科目について見ていきましょう。貸借対照表は、企業が事業活動を営むにあたってどれだけの資金を集め、そしてその資金をどのような事業活動に投資し、運用しているのかを示す表形式の書類です。

貸借対照表は、次ページ図のように左右に2列に分かれて表されます。この貸借対照表の右側と左側の金額は必ず一致します。

借方（左側）は資産の部で、資金の使い途を表します。貸方（右側）は負債および純資産の部で、資金の調達方法を表します。貸方のうち、右上が負債、右下が純資産となります。負債は融資や掛け仕入により生じた資金で、将来返済の義務があります。一方、純資産は投資家からの出資や事業活動で得た資金で、返済義務のないものです。

資産・負債・純資産の主な勘定科目には以下のものがあります。

・**資産の「勘定科目」**

主な勘定科目としては、現金、当座預金、普通預金など資金の保有形態を表わすものや、受取手形（商品やサービスの代金を一定の期日に受け取ることを約した有価証券）、売掛金などの売上債権、未収入金（売上などの営業取引以外で発生した債権）、貸付金（貸付による債権）、商品（在庫）などがあげられます。また、事業のために購入した土地、建物、車両運搬具（営業車やトラックなど）、備品（事務用の机、電話機、PCなど）、機械などの固定資産もあります。

なお、子会社株式、有価証券、出資金などの、投資に分類される勘定科目もあります。

・**負債の「勘定科目」**

主な負債の勘定科目としては、支払手形（商品やサービスの代金を一定の期日に支払うことを約した有価証券）や買掛金（仕入など営業取引により発生した債務）などの仕入債務、借入金、未払金（仕入などの営業取引以外で発生した債務）、預り金（他者から一時的に受け取った資金で、後に支払が生じるもの）などがあげられます。

■ **貸借対照表は会社の財政状態を表わす**

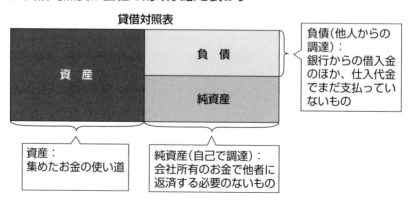

・純資産の「勘定科目」

　株主からの出資を表わす勘定科目として、資本金、資本剰余金などがあります。過去に会社が稼いだ利益は利益剰余金という勘定科目で表わします。また、少し特殊な例になりますが、会社の株式を自ら買い戻した場合、自己株式という勘定科目を用いて純資産のマイナス項目として表示することになっています。

■ 資産・負債・純資産の勘定科目とその内容

資産の勘定科目	
現金	通貨(硬貨や紙幣)、通貨代用証券(小切手、郵便為替証書など)
預金	預金、貯金(ゆうちょ銀行)
受取手形	通常の営業取引により受け入れた手形
売掛金	商品、製品などの販売代金、請負工事やその他のサービスを提供したことによる代金で未回収のもの
商品	販売目的で外部から仕入れた物品など
短期貸付金	得意先、仕入先、関係会社、従業員などに対する貸付金で、決算日から1年以内に返済される予定のもの
未収入金	固定資産などの売却代金、受取保険金、補助金などの未収額
建物	事業用の店舗、倉庫、事務所等の建物
車両運搬具	営業用の自動車、トラック、フォークリフトなど
負債の勘定科目	
支払手形	営業上の買掛債務の支払いのために振出した約束手形や引き受けた為替手形
買掛金	原材料や商品の購入により生じた仕入先に対する債務
短期借入金	銀行から借り入れた設備資金や運転資金、役員、従業員、取引先、親会社などからの借入金で、決算日から1年以内に返済予定のもの
未払金	買掛金以外の債務で、固定資産の購入代金や工事代金その他の経費などの未払額
長期借入金	返済期限が決算日から1年超の借入金
純資産の勘定科目	
資本金	会社設立時の出資や増資払込のうち会社法上の資本金とするもの
資本剰余金	株式払込剰余金など資本取引のうち資本金としなかったもの
利益剰余金	会社が過去に稼いだ利益のうち内部留保されている金額
自己株式	自社の株式

7 損益計算書を見ていこう

損益計算書は、利益の最終結果よりプロセスを重視する

■■ 損益計算書の様式と内容はどうなっているのか

　損益計算書は、収益から費用を差し引くことによって、儲け又は損を計算する表です。損益計算書は、英語でプロフィット・アンド・ロス・ステートメント、一般的にはP/L（ピーエル）と呼ばれます。

　商品を売り上げた代金や銀行にお金を預けた場合にもらえる利息などが収益に該当します。具体的には、売上、受取利息、受取配当金、有価証券利息、雑収入などです。

　費用とは、簡単にいえば、収益を得るために必要なコストのことです。つまり商品を売って儲けようとすれば、手ぶらでは儲かりませんので、まず、何といっても商品を仕入れなければなりません。この仕入代金が売上高に対するコストである売上原価になるのです。

　その他、広告宣伝費、従業員への給料、家賃、電気代や水道代なども必要ですので、すべて収益を得るための費用（コスト）になります。

　では損益計算書の様式と内容を具体的に見てみましょう。

① **タイトル・期間**

　損益計算書というタイトルを一番上に表記し、次に、いつからいつまでの期間の損益計算であるかを明らかにします。たとえば平成30年4月1日から翌年3月31日までの1年間であれば、「自平成30年4月1日至平成31年3月31日」と表記します。

② **売上・仕入・売上総利益（損失）**

　最も重要な売上高が一番上に表示されます。次に売上に直接かかった費用である原価（売上原価）が表示されます。売上総利益は売上高から売上原価を差し引いた残額です。マイナスの場合は損失となります。

③ 販売費及び一般管理費

　会社を運営していくのに必要な、従業員給与、事務所家賃、消耗品代などの必要経費とその合計額が表示されます。

④ 営業利益（損失）

　②売上総利益から③販売費及び一般管理費を差し引いた後の利益（マイナスの場合損失）です。

⑤ 営業外収益・営業外費用

　預金利息や有価証券の売買で得た利益など、本業以外の副収入的な性質の収益を営業外収益といいます。同様に借入金利息など、本業以外の取引にかかった費用を営業外費用といいます。

⑥ 経常利益（損失）

　④営業利益に⑤の営業外収益を加えて営業外費用を差し引いた利益（マイナスの場合損失）です。一般的に、その会社の経営が健全かどうかを判断する、注目頻度の高い利益です。

⑦ 特別利益・特別損失

　土地の売却損益のような、臨時的な収益や損失をいいます。特別利益、特別損失は、まれにしか発生しないような収益・費用が表示されます。

⑧ 税引前当期純利益（損失）・法人税、住民税及び事業税・当期純利益（損失）

　⑥経常利益から⑦の特別利益、特別損失をプラスマイナスして、当期の利益（損失）の額を算出します。ただし会社の儲けには税金が課されますので、税額を計算する前の利益は「税引前当期純利益（損失）」といいます。これに対してかかる税金は「法人税、住民税及び事業税」という表示をします。税引後の利益が最終的な「当期純利益（損失）」となります。

■■ 損益計算書はプロセスを重視する

　損益計算書で大切なのは、当期純利益の金額そのものだけではなく、その当期純利益が導き出されたプロセスを表わすことです。

　つまり、①本業である商品の販売そのものでどれだけの利益を生み出せたのか、②そこから給料・家賃・水道光熱費などの費用を負担しても利益が出ているのかどうか、また、③預金等の利子・配当金の収

■ 損益計算書サンプル

損益計算書
（自平成30年4月1日　至平成31年3月31日）　　（単位:円）

```
Ⅰ  売上高
Ⅱ  売上原価
        売上総利益（または売上総損失）
Ⅲ  販売費及び一般管理費
        営業利益（または営業損失）
Ⅳ  営業外収益
Ⅴ  営業外費用
        経常利益（または経常損失）
Ⅵ  特別利益
     固定資産売却益
     投資有価証券売却益
     ×××
            特別利益合計
Ⅶ  特別損失
     固定資産売却損
     減損損失
     災害による損失
     ×××
            特別損失合計
     税引前当期純利益（または税引前当期純損失）
     法人税、住民税及び事業税
     法人税等調整額
     法人税等合計
     当期純利益（または当期純損失）
```

入、借入金に対する支払利息などを受け取ったり支払ったりすると利益がどうなったのか、さらに、④資産を売却した利益等を加味すると利益がどうなったのかを示すプロセスです。

たとえば、本業の儲けを示す利益が大幅なマイナスで、本業以外の資産（土地や建物など）の売却益などで利益を出している会社は健全な経営を行っているとはいえないでしょう。

損益計算書では、当期純利益が導き出されたプロセスがはっきりわかるように、収益と費用をひとまとめにしていきなり当期純利益を計算せず、段階ごとに利益（損失）を計算するようにしています。これによって、本業で利益が出ているのかどうか、どこの段階での経費がかかっているのかが判断できます。

この結果を分析することによって、経営陣は、売上向上策やコスト削減策などの経営政策を打ち出して、会社経営をうまく舵取りすることができるわけです。

■ **損益計算書の計算構造**

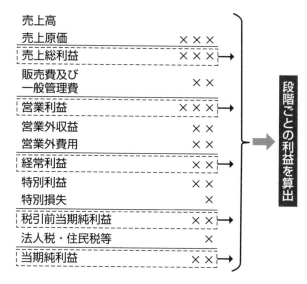

8 損益計算書の勘定科目について知っておこう

一般的には多くの会社が、共通した勘定科目を採用している

■ 損益計算書の勘定科目

売上金額のようなお金が入ってくる取引を「収益」といいます。また、家賃や従業員の給料などお金を払う取引を「費用」といいます。収益から費用を差し引いたものが「儲け」です。この儲けのことを当期純利益といいます。損益計算書では企業の活動結果として、どんな収益がどれだけあり、どんな費用がどれだけかかり、結果としてどれだけ儲かったのかを一覧することができますので、企業の経営成績が一目瞭然になります。

損益計算書の主な勘定科目には以下のものがあります。

・収益の「勘定項目」

売上（本業のビジネスによる収入）、受取利息（銀行預金などから発生する収入）、受取配当金（保有する株式によって受け取る配当）、雑収入（本業のビジネス以外で発生したその他の収入）などがあげられます。

・費用の「勘定科目」

費用に該当する主な勘定科目としては、売上原価、給料、通信費、水道光熱費、旅費交通費、租税公課、支払利息などがあげられます。費用の勘定科目はとくに種類が多く、会社の業態によってその内容は大きく異なります。取引の発生に応じて、たとえば広告宣伝費、研究開発費、消耗品費、交際費というように任意で勘定科目を設定することになります。

旅費交通費は、社員が仕事で使った移動のためのすべての費用を指します。交通機関の違いは関係ありません。

水道光熱費は、水道、電気、ガスなどにかかる費用です。
　広告宣伝費は、会社や会社の扱っている商品などを広告・宣伝するために使われる費用です。広告宣伝の媒体には新聞、ポスター、テレビ、試供品の配布など様々なものがありますが、広告宣伝費に含まれる支出に媒体の違いは関係ありません。
　会議費は、会社の中で行う会議の費用の他、取引先との商談で使用した費用も入ります。会場の確保の費用、飲食費用、会議に使用したプロジェクターの使用料、会議の資料の作成費用など、会議に必要な費用はすべて会議費に入ります。
　租税公課は、税金のことです。会社にかかる税金は、すべて租税公課ですが、法人税などの経費として認められない租税公課もあります。
　地代・家賃は、土地や事務所などを借りる費用です。駐車場なども土地を借りるわけですから、地代の勘定科目に入ります。
　交際費は、取引先への接待や、贈り物といった費用です。取引先など、事業に関係のある者に対して、接待、贈答、慰安などのために支出する費用が交際費に該当します。

■ **損益計算書は会社の経営成績を表わす**

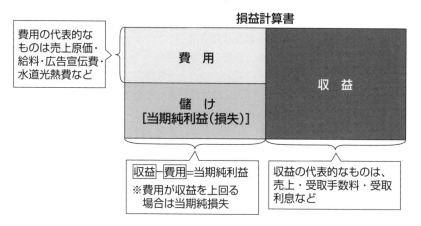

支払利息は、金融機関や取引先などから借入金がある場合に、契約に従って支払われる利息のことをいいます。

　勘定科目の名称については、社外の人が見てその内容がわかるような名称であればそれでよいのですが、一般的には多くの会社が、共通した勘定科目を採用しているといえます。なお、会社が購入した機械や車は資産ですが、実はこれらの資産は使用状況に応じて一定期間で費用化していくルールになっています。そのときの費用は減価償却費という勘定科目で表示します。

■ 損益計算書の主な勘定科目

収益の勘定科目	
売上	物品の販売やサービスの提供によって生じた利益
受取利息	金融機関の預貯金利息、国債、社債などの有価証券利息など
受取配当金	株式、出資、投資信託等による配当金の収入
費用の勘定科目	
売上原価	販売用の物品等の購入代金
役員報酬	取締役、監査役に対する報酬
従業員給与	従業員に対する給料、賃金、各種手当
旅費交通費	通勤や業務遂行に必要な出張旅費など
接待交際費	取引先など事業に関係のある者に対する接待、慰安、贈答などのために支出される費用
会議費	会議用の茶菓、弁当、会場使用料
通信費	切手、はがき、電話、ファックス費用など
消耗品費	事務用品などの物品の消耗によって発生する費用
水道光熱費	水道料、ガス代、電気代など
地代家賃	建物、事務所、土地の賃借に要する費用
租税公課	印紙税、登録免許税、不動産取得税、自動車税、固定資産税など
減価償却費	建物や車両運搬具など固定資産の取得価額を費用化したもの
支払利息	金融機関からの借入金利息、他の会社からの借入金利息など

9 税務会計と企業会計について知っておこう

法人税算出のための会計（税務会計）と企業会計は同じではない

■ 税務会計と企業会計

　法人税とは、株式会社などの法人が事業年度（通常は1年間）において稼いだ利益（所得）に対して課税される国税のことです。会社法上確定した決算における利益を基礎とし、税法の規定により調整を加えることで課税所得の金額の計算を行います。

　企業に関係する会計には、法人税算出のための税務会計の他に、企業会計というものがあります。そして、同じ「会計」という言葉を使っていても、2つの会計の中身は違います。

　企業会計は、会社の業績などの実際の姿をできる限り正確に表わすことを目的としています。それに対し、法人税算出のための会計は、公平な課税を誰もが納得できる形で算出することが目的になっています。そもそも、会計の目的が違うのです。したがって、会計のルールも税務会計と企業会計とでは違います。

　たとえば、交際費等は、会計上は全額が費用ですが、法人税の計算上では、一定額までしか費用（税法では損金という）として認められていません。そのため、法人税法上は費用として認められない分を会計上の利益に加算した金額が法人税の課税所得になります。つまり、課税所得の方が会計上の利益より多額になります。これは、「税金を納めるぐらいなら」と交際費をムダに使った会社と、まじめに接待等も必要最低限にした会社の利益が同じだったとして、同じようにそのまま課税すると不公平になってしまうからです。つまり課税の公平が保てずに、結果として税収が少なくなってしまうことがないように考慮したものが、税務会計なのです。

第1章 ◆ 法人税と決算書

■■ 企業利益から算出する課税所得

　先ほどまで出てきた収益、費用、利益とは、実は、企業会計で使う言葉です。企業会計では、企業が営業活動をして得たお金（これを企業会計では、「資本取引を除いた企業活動によって得たお金」といいます）を収益、そのお金を得るために使ったお金を費用、収益から費用を引いたお金を利益と呼びます。

　一方、税務会計のもととなる法人税法では、その法人の「各事業年度の所得の金額は、その事業年度の益金の額からその事業年度の損金の額を控除した金額とする」と明記されており、原則としてそれぞれの事業年度ごとに、「益金の額」から「損金の額」を控除した金額に対して税金を課すことにしています。「益金の額」から「損金の額」を控除した金額を課税所得といいます。具体的には、損益計算書に記載されている当期純利益に一定の調整（税務調整）を加えて、法人税の申告書の別表四という表を使って課税所得の金額を計算します。

　結局、益金、損金、所得とは、企業会計上の収益、費用、利益に法人税法上の特別ルールで修正を加えて算出したものだということになります。

■ 企業利益と課税所得

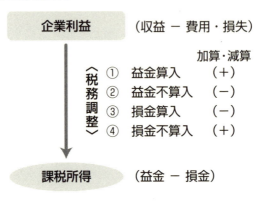

10 税務調整について知っておこう

適切な税額算出のための調整のこと

■■ 税務調整とは

　企業会計では会社の経営実態を知るという機能が重視されますが、税務会計では「税収の確保」と「税の公平性」という政策的な配慮がいたるところに見られます。つまり、税務会計とは、企業会計で算出した収益、費用、利益に「税収の確保」と「税の公平性」という面からの修正を加えることなのです。この修正を加えることを税務調整と呼びます。

　税務調整には、決算の際に調整する決算調整と、申告書の上で加減して調整する申告調整があります。

　法人税法では、その法人の「各事業年度の所得の金額は、その事業年度の益金の額からその事業年度の損金の額を控除した金額とする」と規定しています。益金とは法人税計算上の課税所得の対象となる収益のこと、損金とは法人税の課税所得の計算において対象となる費用のことです。法人税の所得を計算する際は、ゼロから「益金」と「損金」を集計するのではなく、企業会計上の確定した決算に基づく「利益」をもとにして、「申告調整」を行って求めることになります。

■■ 申告調整の方法

　企業会計上の利益から法人税法上の所得を導き出す申告調整には、次の4種類があります。

① 　益金算入

　企業会計上は収益として計上されないが、法人税法上は益金として計上することをいいます（圧縮積立金の取崩額など）。

② 益金不算入

企業会計上は収益として計上されるが、法人税法上は益金として計上しないことをいいます（受取配当金の益金不算入額など）。

③ 損金算入

企業会計上は費用として計上されないが、法人税法上は損金として計上することをいいます（繰越欠損金の損金算入額など）。

④ 損金不算入

企業会計上は費用として計上されるが、法人税法上は損金として計上しないことをいいます（交際費等の損金不算入額など）。

つまり、企業会計上の「利益」に、企業会計上の「収益・費用」と法人税法上の「益金・損金」の範囲の違うところを「申告調整」によってプラス・マイナスして、法人税法上の「所得」を算出するわけです。結果として、以下のようになります。

■ 法人税の課税対象

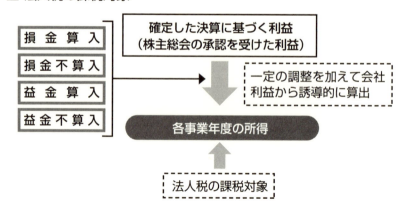

第2章
決算書のしくみ

1 決算書の役割を知っておこう

決算書は「会社の成績表」である

■ 決算書とはどんなものなのか

　決算書とは、一言でいってしまえば会社の成績表です。

　ある会社を客観的に評価しようとした場合、見方としては様々な切り口があります。たとえば優秀な人材がそろっている、素晴らしい設備がある、他にはないノウハウを持っている、などです。

　このように、会社の状況を判断するための手段のひとつとして、すべての取引を金銭的価値に換算して判断するという方法があります。その会社の事業がどの程度儲かっているのか、または財産をどの程度持っているのかなどをもれなく金額で表示するというものです。このように1つの会社について金額で表示された情報を一定のルールに沿ってまとめた書類が決算書です。決算書とは、単独の書類ではなく、実際には複数の書類から成り立っています。つまり、決算書とはいくつかの書類の総称ということになります。

■ 決算書にはどんなものがあるのか

　一定期間に会社が行った取引を整理し、会社の経営成績及び財政状態を明らかにするための手続を決算といいます。この一定期間を会計期間といいます。決算の作業は、試算表の作成や決算整理事項の整理、精算表の作成及びすべての帳簿類を締め切るなどの作業がありますが、これらはすべて最終的に決算書の作成という目的に向かって進められます。

　先ほど決算書とはいくつかの書類の総称ということを述べましたが、では具体的にはどのような書類があるのでしょうか。列挙しますと、貸借対照表（B/S）、損益計算書（P/L）、株主資本等変動計算書（S/S）、

キャッシュ・フロー計算書（C/F）という4種類の書類で構成されます。

　決算書というのは一般的な呼び方なのですが、正確な名称は、実は提出する目的によって異なります。会社法では計算書類と呼ばれ、金融商品取引法では財務諸表と呼ばれています。会社法は、一般投資家より株主と債権者の権利保護という側面が強く、金融商品取引法は、広く一般投資家保護の側面が強い法律です。両者の決算書は、ほぼ同じ内容ですが、会社法ではキャッシュ・フロー計算書がないなど多少の違いはあります。

■ 決算書にはどんな役割があるのか

　決算書には、資金をどこから調達し、何に使っているのか、売上高や儲けがどの程度出ているのか、ということを明らかにするという目的があります。

　会社がお金をどこから調達して、そのお金をどのように使っているかという状況を財政状態といいます。また、会社の売上はいくらで、どのような費用（コスト）をかけて儲けを出したかという状況を経営成績といいます。

　財政状態と経営成績は誰に対して明らかにするものなのかはケースにより様々です。たとえば株主に支払う配当金の計算や、国や地方自治体に支払うべき税金を申告納付する基本となります。また、融資の申込みをする金融機関や、新たに取引を開始する取引先などに会社の経営内容を開示する目的などのために使用されます。さらには、上場企業などが行っているようにインターネットなどで決算書を公表することにより、一般投資家が安心して株式を購入できるように、情報を開示するための手段としても使用されます。

　このように決算書には、株主や債権者など会社をとりまく利害関係者に対して会社の財政状態や経営成績を報告（開示）するという役割があるわけです。

2 決算書を知るには簿記の理解が不可欠

ルールに従って仕訳をする

■ 簿記とは何か

　決算書はどのようにして作成されているのでしょうか。それは、日々の取引を記録していくところから始まります。会社の行った取引を記録することを簿記といいます。

　会社や商店では、毎日お金やモノの出入りがあります。仕入や販売によるモノの流れ、また売上や支払いによる金銭の収支など、様々な種類の取引があります。それらを一定のルールに従って正確に記録・集計・整理して、最終的に決算書を作成するまでの一連の作業が簿記の一巡の手続きです。

　企業は、原則として1年に一度、決算書を作成します。これは、企業の1年間の営みによっていくら儲け（または損し）、財産がどう変化したかを明らかにするためです。決算書の主なものは貸借対照表と損益計算書です。貸借対照表は、企業の一定時点（主に決算日）における財政状態を表わすもので、損益計算書は、企業の一会計期間における経営成績を表わすものです。これらの決算書の完成が簿記の最終目的となります。簿記とは、会社のお金の出し入れを帳簿という専用の帳面に記入する作業を指します。また、帳簿を見れば、誰でも会社のお金の動きが一目でわかるようになっている必要があります。したがって、簿記には、厳格なルールがあります。このルールを覚えることが必要になります。

■ シンプルで簡単であるが大きな問題がある単式簿記

　簿記には、単式簿記と複式簿記の2種類があります。

まず、単式簿記とは、一定期間におけるお金の単純な出入りだけを時間の経過通りに記載する方法をいいます。家計簿が代表的なものとしてあげられます。日付、項目、適用項目、入金、出金、残高の順で記入欄があります。単式簿記は、一定期間のお金の出入りに関して、非常にシンプルで簡単に記載できるメリットがあります。家計簿のように、次の期間には、どのようなお金の出し入れをすればよいか、ということなどを予測もできます。

　しかし、単式簿記には、大きな欠点があります。お金の出し入れを行う主体（家計や企業など）の財産まで把握できないということです。

　このような単式簿記の欠点は、普通の生活状況とは違ったトラブルが起こったときに、家計簿では今後の家計設計に関して判断ができないなどという形で現れます。たとえば、勤め先の会社が倒産し、失業してしまったとします。今後の生活を考える場合、預金や家、自動車、株式、債券といった財産がいくらあるのかを把握し、それらを生活費に変えることを考えなければならないでしょう。また、家や自動車にローンがある場合には、いくらのローンが残っていて、それを返済するのか、手放すのか、手放すといくらのお金が残るのか、といったことも考えなければなりません。しかし、家計簿は毎月給料が入ってくるのが前提で、それをどう使ったかを記載しているだけなので、いくら眺めてもそれらに対する答えは出ません。

　もっと極端な話をします。家計簿の入金の欄に毎月50万円の記載があるとします。しかし、これが、借金だけによる入金だとするとどうでしょうか。月末にその50万円を使い切らず、手元にお金が残ったとしても、喜べるものではありません。そもそも、入金が借金だけの家計簿など、つけても意味がありません。しかし、単式簿記の記載だけでは、「喜べない理由」がわからないのです。

　「そんな愚かな人はいない」と思う人もいると思います。しかし、過去に現実に起こった地方自治体の一部が破たん寸前、あるいは破た

んした理由は、単式簿記だけで毎年度の収支を見ていたことが大きな理由のひとつなのです。地方自治体の中には、税収の減少を借入金で補っているところも多くありました。しかし、単式簿記による決算しか作成していなかったため、累積する借金の額が明らかにされず、単年度で収支が均衡していることだけが公になり、借金が返せなくなるまで「財政は大丈夫」と判断されていたのです。

つまり、経理担当者にとって「お金の出し入れを把握する」ということは、単純なお金の出入りだけを理解すればよいということではないのです。家計や企業の持つすべての財産を、借金などの負の財産も含めて把握するということなのです。

■■ 単式簿記の欠点を克服するためにできた複式簿記

前述した単式簿記の欠点を克服するためにできたのが、複式簿記です。つまり、お金の出入りを財産の増減も含めた観点から捉えられるようにしたものです。複式簿記は、日付、借方、貸方、金額、摘要の順に項目が設定されています。単式簿記との違いは、１つの取引に対して借方及び貸方という２つの項目があることですが、これらの項目にどのようなことを記載するかは次ページで説明します。最初に理解したいことは、複式簿記は、「財産の増減まで見えるように、モノやお金の出入り」を記載する方式だということです。

お金は、湧いて出てくるものではありません。反対に突然、消えてなくなるものでもありません。お金が入ってくる際には、働いて得た収入であったり、借金したりという理由があるのです。また、働いて得たのであれば、財産ですし、借金をして得たのであれば、負の財産です。一方、お金が出ていく際には、必ず代わりに何かが手に入るはずです。手に入ったものが金の延べ棒であれば、お金は財産に変わったわけですし、家族旅行であれば、消費、つまり、財産を減らしたことになるわけです。したがって、「財産の増減まで見えるように、モ

ノやお金の出入りを把握する」には、お金が入ってきた際にはその理由やきっかけを、出ていった際には、そのお金が何に変わったのかまで記載すればよいことになります。

複式簿記はこれを可能にした方法です。たとえば、家計簿のケースで引用した事例ですと、複式簿記では、同じ入金でも、借金で得たのか、働いて得たのかが明確にわかるように記載できます。出金の場合も同じです。家族旅行に行ったのか、金を購入したのかが明確にわかるように記載できます。

■ 借方と貸方のルールに慣れる

複式簿記では、お金の出入りと財産の増減をいっしょに見るためモノやお金の出入りを「取引」として考えます。前述したようにお金はどこからか湧いて出てくるわけではありませんし、突然、消えるものでもありません。何かの対価として、誰かが持っているお金を得たり、誰かにお金を払ったりすることによって増えたり減ったりするのです。

モノやお金の出入りを「取引」と考えることによって、単式簿記とはまったく違うものが見えてきます。同じ10万円の出金でも、家族旅行の代金として旅行会社と取引したと考えれば、それは消費、金の購入のために金の取引業者と取引したと考えれば、それは投資とはっきり把握できるからです。

したがって、複式簿記で記帳するということは、お金の「取引」を記載することだといえます。そして、複式簿記の記帳項目の「借方」「貸方」こそが、この「取引」を記載する項目になるのです。

お金は何の原因もなく入ったり消えたりはしません。借方と貸方は、取引による財産の変動を「原因と結果」の関係で表わすものです。

借方と貸方のルールとして、まず、借方には財産の増加、貸方には財産の減少が入るということを覚えておくとよいでしょう。

家族旅行でお金を10万円使ったという例を考えてみましょう。旅行

を原因として手元のお金が10万円減少していますので、財産の減少を示す貸方に「現金100,000」と記します。そして借方には、「家族旅行100,000」と、その原因となった出来事を記します。

旅行は財産を減らす「消費」ですが、複式簿記の特徴が最もよく表われるのが「投資」の場合です。たとえば、金の延べ棒を購入した場合、お金は減りますが、代わりに金が手に入ります。これも原因と結果の関係です。この場合は、借方に増えた財産である金、貸方には現金の支払いについて記載することになります。なお、借方と貸方の金額は、常に同じになります。これは複式簿記の基本中の基本です。

■■ 仕訳のルール

このように、モノやお金の出入りを「取引」と見て、取引をする自分と相手方の両方をセットにしてお金の増減を同時に記載する作業こそが、複式簿記のルールなのです。この作業を仕訳といいます。

簿記では、取引を帳簿に記入する際、帳簿を左右に区別して記録します。取引の仕訳は、帳簿の左側を借方、右側を貸方とし、取引ごとに借方と貸方の両側に分けて記録します。

■ 取引から財務諸表作成までの流れ

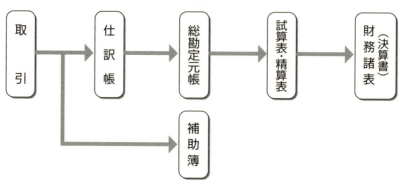

また、それぞれの取引には、内容別に名前をつけて仕訳をします。この名前を勘定科目といいます。具体的な勘定科目については、次ページで説明しますが、1つの取引は2つ以上の勘定科目で構成され、借方と貸方の金額は必ず一致します。

　給与などは、「払ってもらえば、会社のことなどどうでもよい」と考えるのが普通ですが、会社が給与分の50万円を支払った結果、自分は50万円の給与がもらえたというように考えることによって、単式簿記の欠点の克服ができる、つまり、「50万円は借金ではない」ということを明確にできるのです。

■ 単式簿記の現金出納帳サンプル

現　金　出　納　帳

年月日		科目	摘　　要	入　金	出　金	残　高
月	日					
5	1		前月より繰越			100000
	2	消耗品費	(有)○○より事務用品購入		7000	93000
	3	水道光熱費	○月分の水道代支払い		20000	73000
	4	租税公課	自動車税納付		51000	22000
	5	普通預金	○○銀行より引出し	80000		102000

■ 複式簿記の例

● 現金10万円を使って家族旅行に行ったケース

借方と貸方の金額は同じになる

3 勘定科目を覚えよう

お金の出入りを誰でも一目でわかるようにできるためのテクニック

■■ 勘定科目とは

複式簿記の考え方、仕訳の基本的なやり方がわかれば、簿記に関する基本はクリアしたといってよいでしょう。ただ、簿記には、ルールに従って取引を記帳するということの他に、もう1つ大きな目的がありました。それは、「誰が見ても一目で取引がわかるようにする」ということです。このもう1つの大きな目的を実現するのが、勘定科目ごとに取引をまとめるという作業です。勘定科目を理解すれば、取引を上手にまとめるテクニックが身につくのです。

勘定科目とは、家計簿（単式簿記）でいえば、「項目」、複式簿記でいえば、「借方」「貸方」に記入する事柄のことです。家族旅行で10万円使った場合は、家計簿であれば「家族旅行費用」、複式簿記では「借方」に「家族旅行（サービス受領）」「貸方」に「現金」と書きます。これらの「家族旅行費用」「家族旅行（サービス受領）」「現金」が勘定科目です。

■■ 勘定科目ごとにお金の出入りをまとめるとは

勘定科目ごとに「まとめる」わけですから、具体的な取引をある程度のカテゴリーに分ける必要があります。逆にいえば、「ある程度のカテゴリー」になるように勘定科目を設定しなければなりません。

取引がカテゴリー別にあてはまるように勘定科目を設定するのは、それほど困難ではありません。たとえば、家計簿の場合、入金の場合の勘定科目は「収入」と「借入」、出金の場合の勘定科目は「食費」「光熱費」「家賃」「ローン」「娯楽費」「教育費」などと設定すればよ

いでしょう。こうすれば、家族旅行による出費も、家族で映画を見に行ったときの入場料も「娯楽費」という1つのカテゴリーに入れることができ、「家族旅行費」と「映画」という2つの勘定科目を設定した場合よりも支出を一目でわかりやすくすることができます。

さらに、この家計簿の例から、お金の出入りが一目でわかるようにするためには、勘定科目をできる限り少なく設定すればよいということがわかると思います。入金で「借入」がない家庭であれば、「借入」の勘定科目を除く、子供がいない家庭であれば出金の「教育費」を勘定科目から除けば、お金の出入りがさらに見やすくなるはずです。

■ 基本的に自由に会社側が設定できる

家庭には、子供がいる家庭、いない家庭、大家族、核家族など、様々な形があります。その形によって、お金の出入りの仕方も変わりますので、勘定科目も変わります。会社も同じです。業種、業態によって、取引の仕方や内容が違いますので、勘定科目も変わります。

ただ、会社の場合は、株主や債権者、取引先などの利害関係者が多いという、家庭とは大きな違いがあります。したがって、勘定科目はこれらいろいろな利害関係者の誰が見ても一目で取引がわかるように配慮する必要がありますが、厳格に決められているわけではありません。

これらの勘定科目は、5つのカテゴリーに属します。それは、「資産」「負債」「純資産」「収益」「費用」の5つです。

資産とは「財産」、負債とは「借金」、純資産とは「資本金」、収益とは「収入」、費用とは「収入を得るために使ったお金」のことです。会社の取引は、この5つのカテゴリーの中のどれかに必ず入ります。

ただ、この5つのカテゴリーに従って取引を分類すれば、簿記の大きな目的である「(会社の取引が)一目でわかる」ようになるかというと、そうではありません。確かに本書では「勘定項目は、できる限り少なく設定する」と説明しました。

しかし、それにも限度があります。カテゴリーの5つだけに絞ってしまうと、今度は、あまりにシンプルになりすぎて、かえって実体が見えなくなってしまうからです。

たとえば、資産といってもその中身は現金、手形、土地、在庫などいろいろあります。これらを十把一からげで「資産」として記載しても、会社の実際の姿はわかりません。

一方、5つのカテゴリーは、究極の簡素化を行った結果に生み出されたものですので、非常に重要なものでもあります。たとえば、負債の金額が資産の金額よりも多ければ、その会社は「債務超過（借金が財産よりも多い状況）」とわかります。5つのカテゴリーに絞り込んだことで「一目で」判断できます。

そこで、実際の簿記では、これら大きなカテゴリーの中にさらにいくつかの勘定科目を設定して記帳します。そうすることによって、ようやく、会社の実態を含めて「一目でわかる」ようになるのです。

■ 5つのカテゴリーに含まれる代表的な勘定科目

資　産	現金、当座預金、普通預金、受取手形、売掛金、建物、土地
負　債	支払手形、買掛金、預り金
純資産	資本金、資本剰余金、利益剰余金
費　用	売上原価、給料、支払利息
収　益	売上、受取利息、受取手数料

4 決算書はB/SとP/Lが基本である

BSとPLは決算書の中心的存在である

■ 貸借対照表とは

　貸借対照表は、英語でバランス・シート、又はB/S（ビーエス）と呼ばれます。企業が事業活動を営むにあたってどれだけの資金を集め、そしてその資金をどのような事業活動に投資し、運用しているのかを示す表形式の書類です。

　貸借対照表は、次のように左右に２列に分かれて表わされます。この貸借対照表の右側と左側の各々の合計金額は、必ず一致します。

　左側に資産と書かれていますが、これは資金の使い途を表わし、借方と呼ばれます。

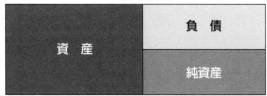

貸借対照表

　右側は調達した資金で、貸方と呼ばれます。右上が負債、右下が純資産となります。貸方のうち、負債は他人からお金を借りて作った資金で、将来返済の義務があるものや、前受金のように将来収益となるものなどがあります。一方純資産は投資家や事業活動の儲けなどで得た資金で、返済義務のないものです。

　現預金や不動産など企業が保有する財産のリストが左側、その財産を調達するためのお金の出所が右側に示されていると理解しておくとよいでしょう。

■■ 損益計算書とは

　損益計算書は、英語でプロフィット・アンド・ロス・ステートメント、一般的にはP/L（ピーエル）といわれています。損益計算書は企業の経営成績を明らかにするためのものです。身近な例でたとえると、家計簿やお小遣い帳と同じようなものとだといえます。家計簿の場合、毎月の給料から家賃、食費などを差し引き、今月は自由に使えるお金はいくらあるかを把握します。企業の場合は、商品などを仕入れて販売し、販売代金として得たお金から事務所の家賃や従業員の給与を支払い、さらにお金に余裕があれば貯蓄や設備の購入に回す、といった事業活動を行います。そして、このそれぞれの売上、仕入、家賃、従業員給与等の金額、といった内容が明らかにされているのが損益計算書なのです。

　売上金額のようなお金が入ってくる取引を収益といいます。また、家賃や従業員の給料などお金を払う取引を費用といいます。収益から費用を差し引いたものが儲けになり、次のような算式になります。

> 収　益　－　費　用　＝　儲　け（損）

　この儲けのことを当期純利益といい、損益計算書は次のように表わされます。

　損益計算書では企業の活動結果として、どんな収益がどれだけあり、どんな費用がどれだけかかり、結果としてどれだけ儲かったのかを一覧することができますので、企業の経営成績が一目瞭然です。

　この損益計算書と貸借対照表こそが、決算書の中心的な存在です。

損益計算書

費　用	収　益
儲　け （当期純利益(損失)）	

5 その他こんな決算書類もおさえておこう

「純資産の部」の変動や現金の変動に着目した計算書もある

■■ 株主資本等変動計算書とは

　株主資本等変動計算書は、会社の「純資産の部」の変動を表わす書類です。英語でStatement of Shareholders' Equity、または略称でS/S（エスエス）と呼ばれます。「純資産の部」が変動する主な要因としては、株式の発行や自社株の取得または処分、配当、損益計算書上でいう当期純利益の計上などがあげられます。上場企業の場合は、配当や増資など「純資産の部」の動きのあるような取引も活発に行われますが、中小企業ではどちらかといえば、当期純利益の計上を除いてはあまり変動のない会社の方が多いでしょう。抑えておくべき決算書の中でも、重要度は低い方と考えてよいかもしれません。

■■ キャッシュ・フロー計算書とは

　お金の流れのことをキャッシュ・フローといいます。キャッシュ・フロー計算書とは、会社の現金の増減を分析する書類のことをいいます。略称でC/Fともいい、上場企業のみ、第3の財務諸表として作成提出が義務付けられている書類です。

　ではなぜキャッシュ・フロー計算書が必要なのでしょうか。B/SとP/Lがあれば、財産、借金、儲けた利益がわかるので十分だと考えるかもしれません。しかし、B/Sで現預金の残高はわかりますが、本業で現金を稼ぎ出しているかどうか、つまり手堅く健全な経営をしているのかどうかまではわかりません。また、P/Lに表示される利益は、実際の現金の増減とは比例しない場合があります。たとえば商品を販売してから代金が回収されるまでの期間が非常に長い会社では、売掛

金や受取手形など「お金をもらう権利」である債権は保有しているものの、実際の手元の資金は減少してしまっている、というケースもあり得ます。儲けを出しているにもかかわらずなぜか倒産してしまう、黒字倒産ということもあり得るわけです。このように、潜在しているリスクから利害関係者を守るためにも、キャッシュ・フロー計算書は重要な書類のひとつだといえます。

キャッシュ・フロー計算書には、年度中のお金の動きとその増減理由が表示されます。増減理由は、大きく①営業活動、②投資活動、③財務活動の3つに分類されます。項目ごとにお金が増えた場合はプラス、減った場合はマイナス「▲」で表示されます。

「営業活動によるキャッシュ・フロー」は、本業である商売によって実際に稼ぎ出したお金の増減です。「投資活動によるキャッシュ・フロー」は、機械の購入・売却、株式など有価証券への投資・売却などによるお金の増減です。「財務活動によるキャッシュ・フロー」は、借金、借金の返済、増資、配当金の支払などによるお金の増減です。一般的に、①営業活動がプラスであり、②そのプラスの範囲内で投資活動がマイナスであれば、健全な経営で設備投資にも積極的ということなので、優良な会社であるといわれています。

非上場の中小企業はキャッシュ・フロー計算書の作成義務はありません。しかし、手元資金の増減を分析することは、自社の資金繰りを管理するためにも非常に有効だといえます。

キャッシュ・フロー計算書の代わりにB/Sを利用するという方法もあります。前期と当期のB/Sを比較してみると、現預金や資産・負債が増減していることがわかります。たとえば現預金と借入金が共に増加していれば借入により手元資金を調達したことがわかります。現預金と営業利益が増加していれば本業による稼ぎが増えたということです。

このようにB/SとP/Lを手がかりに、現預金の増減理由を分析することも、資金繰りの状況を把握する有効な手段といえます。

第3章
損益計算書のしくみ

1 損益計算書の区分はどうなっているのか

損益計算書は企業活動の区分ごとに利益を表示している

■ 収益・費用・利益の関係

損益計算書は、経営成績、つまり収益と費用を対応させて記載し、それらの差額としての期間損益を報告するための計算書です。収益から費用を差し引いたものが利益と表現され、この関係が損益計算書の基本となっています。

これを計算式で表わすと次のようになります。

収 益 － 費 用 ＝ 利 益

上の計算式における収益、費用、利益は、企業活動の種類によって、①営業活動、②営業外活動、③臨時的・特別な活動の3つの段階に分けて表現されています。

営業活動の段階では売上高から売上原価を差し引いて計算される売上総利益、売上総利益から販売費及び一般管理費を差し引いて求められる企業の本業の営業活動での儲けである営業利益を表示します。

この営業利益に受取利息、受取配当金などの営業外収益をプラスし、銀行からの借入金に対する支払利子などの、営業外費用をマイナスして企業の経常的な活動による利益である経常利益を表示します。

さらに、経常利益に臨時的、特別な活動によって発生する特別利益、特別損失をプラスマイナスして税引前当期純利益を表示します。

ここで、「臨時的、特別な活動」とは、通常めったに起こらない取引を指しています。たとえば、火災で工場が焼失した場合のような災害損失、建物や土地などの固定資産の売却に伴う固定資産売却損益が特別利益又は特別損失に計上されます。なぜなら、火災になることは

めったにありませんし、建物や土地の売却も不動産販売業であればともかく、普通の企業であれば固定資産は長期にわたって保有するものですから、頻繁に売却するものではないからです。

最後に、この税引前当期純利益から税金（法人税、住民税、事業税）を差し引いて「当期純利益」という１年間の最終利益を表示します。

このように損益計算書は、企業活動の種類によって得られた利益を段階的に表わしています。そうすることによって、損益計算書を読む人が、その会社がいくら儲けているのか、ということだけではなく、何によって利益、あるいは損失を出しているのか、といった、より詳細な情報を読み取ることができるのです。

■ 損益計算書の基本

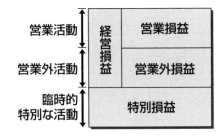

2 発生原因別に区分された利益を見る

損益計算書は段階ごとにいろいろな利益を表示している

■■ 各段階の利益の種類と内容

　損益計算書を見ると、利益と名のつく項目がいろいろあることがわかります。売上総利益、営業利益、経常利益、税引前当期純利益、当期純利益などです。収益と費用を漠然と並べても、どの段階で利益が生じ、どの段階で損失が生じているのか、つまり、経営成績の正しい把握ができませんので、損益計算書は、収益と費用を段階的に区分して対応表示しています。ここでは、各段階における「利益」と「収益」について説明し、各段階における「費用」については、次の「発生原因別に区分された費用」のところで詳しく説明します。

　まず、売上総利益ですが、売上総利益とは、当期中に売り上げた商品の売上高から売上原価を差し引いたものです。

　売上原価とは、販売された商品などの原価のことですから、売上総利益とは粗利を表わしています。

　たとえば、70円の商品を10個仕入れて、100円で8個売ると、売上は800円となります。その時の売上原価は、700円ではなく8個分の8個×70円＝560円となります。2個は売れずに残ったわけですから売上原価とはなりません。つまり売上原価とは「売れた分に対応した仕入原価」ということになります。

　次に、売上総利益から販売費及び一般管理費を差し引いたものが営業利益です。この営業利益は、企業本来の主たる営業活動の成果を示しています。一般には「主たる営業活動」とは、サービス業などの場合を除いて、商品売買が主たる営業活動となります。

　そして次に、企業本来の営業活動の成果を示している営業利益に、

企業本来の営業活動とは違いますが、毎期経常的に発生する受取利息や支払利息といった営業外収益や営業外費用をプラスマイナスしたものが経常利益です。経常利益とは、企業が本業を含めて普段行っている継続的な活動から得られる利益のことで企業の正常な収益力を示す利益です。ここでいう営業外収益とは、企業の主たる営業活動（本業）以外の活動によって得られた収益のうち、毎期繰り返し発生するものをいいます。

　損益計算書では、本業による利益と本業以外の活動による利益は区別して表示させる必要があります。主たる営業活動以外の活動には、主に財務活動・金融活動などがあり、営業外収益の主な項目として、受取利息、受取配当金などが該当します。

　次に、税引前当期純利益ですが、これは、経常利益に臨時的な損益である特別利益や特別損失をプラスマイナスした利益です。

　したがって、税引前当期純利益は、企業のすべての収益及び費用をプラスマイナスすることによって計算された純粋な当期の企業の経営活動の成果を表わしている利益ということになります。ここでいう特別損益とは、経営活動によって得られた損益のうち、臨時的に発生した損益をいいます。

■ 費用及び収益の経常性という観点からの分類

費用及び収益は、それが毎期経常的に発生するものなのかどうかにより経常損益と特別損益とに分類することができる

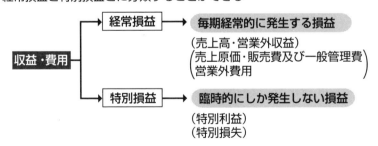

たとえば、災害損失や固定資産売却損益などが該当します。災害も経常的に発生するものではありませんし、土地や建物などの固定資産の売却も通常行われるものではありません。その他には投資有価証券売却損益や貸倒引当金戻入益などが該当します。

　最後に当期純利益とは、税引前当期純利益から「法人税、住民税及び事業税」を引いた利益です。つまり企業の最終的な利益ということになります。このように損益計算書は段階ごとにいろいろな利益を表示して、企業の経営成績を明らかにしています。

■ 損益計算書の概要

売上高	×××	
売上原価	×××	
売上総利益	×××	粗　利
販売費及び一般管理費	×××	
営業利益	×××	本業の利益
営業外収益	×××	
営業外費用	×××	
経常利益	×××	コンスタントな利益
特別利益	×××	
特別損失	×××	
税引前当期純利益	×××	経営活動の成果である利益
法人税、住民税及び事業税	×××	
当期純利益	×××	最終利益

3 売上高と売上原価の勘定科目を知っておこう

売上高と売上原価は直接的、個別的な対応関係にある収益と費用である

■■ 売上高の表示方法

　売上高は、会社の主たる営業活動から生じる収益ですので、売上による収益であることがわかるように売上高を示す名称を付した科目によって表示しなければなりません。

　財務諸表等規則では、「製品売上高」と「商品売上高」を区分して記載することを原則としていますが、この区分が困難な場合は「売上高」に両者を含めてもよいことになっています。

　また、市場価格の変動により利益を得る目的をもって所有するたな卸資産の評価差額は売上高を示す名称を付した科目に含めて記載しなければならないことや、関係会社に対する売上高に一定以上の重要性がある場合には、その金額を注記しなければならないことなどが規定されています。製造途中の半製品、作業くずなどの売上高が金額的に重要である場合も、独立表示が求められています。

■■ 売上原価の表示方法

　売上原価に属する項目についても、財務諸表等規則では、以下①～③までの名称を付した科目で表示するようにしています。
① 　商品または製品の期首棚卸高
② 　当期商品仕入高または当期製品製造原価
③ 　商品または製品の期末棚卸高

　売上原価は、前期の商品の在庫である「期首商品棚卸高」に当期の商品の仕入高である「当期商品仕入高」を加え、当期に商品在庫として売れ残った「期末商品棚卸高」を差し引いて求めます。そして、当

期の「期末商品棚卸高」は、来期の「期首商品棚卸高」になります。
　損益計算書における売上原価の表示も、この計算式通り、①＋②－③の表示方法になっています。

■ 売上原価と３分法

【売上原価】

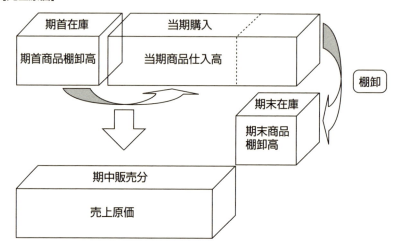

【会計処理の３分法】

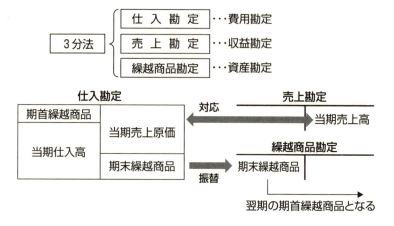

4 販売費及び一般管理費の勘定科目は様々である

販管費とは会社が商品を売るために必要な費用のこと

■■ 販売費及び一般管理費とは何か

　販売費及び一般管理費とは、「販売費」と「一般管理費」がいっしょになったもので、通常「販管費」と呼ばれています。

　販売費及び一般管理費のうち、販売費とは、商品や製品の販売業務に関して発生する費用のことを指します。簡単にいうと、営業部門の費用のことです。一方、一般管理費は、管理業務に関連して発生する費用のことを指します。

　販売費と一般管理費は、本来区分されるべきものですが、両者を明確に区分することは実務的に困難であるため、通常、損益計算書では、「販売費及び一般管理費」として一括して表示しています。

■■ 販売費及び一般管理費は期間費用として処理する

　販売費及び一般管理費は、売上原価や製造費用とは異なり、期間費用として処理されます。

　つまり、売上原価のように売上高に直接対応するものとして捉えることは困難なため、これらの費用が発生した事業年度の費用として認識されます。

　また、財務諸表等規則では、販売費及び一般管理費の科目分類については「適当と認められる費目に分類し、当該費用を示す名称を付した科目をもって掲記しなければならない」としているだけで、具体的な科目名については何も規定していませんので会社にまかせています。これは、販売費及び一般管理費の科目は、その企業が営む業種や企業の規模等個々の実態によって決めるものであるため、一律に決めるこ

とは適当でないからです。

このように販売費及び一般管理費の科目分類は、会社にまかされていますが、ここで大切なことは、一度決めた科目は継続して使用することです。そうでないと科目の前年比較等ができなくなるためです。

■ 一般的な販売費及び一般管理費の勘定科目

勘定科目	内　容
役員報酬	取締役、監査役に対する報酬
従業員給与	従業員に対する給料、賃金、各種手当
賞与	従業員に対するボーナス
法定福利費	会社負担の健康保険料、厚生年金保険料などの社会保険料など
福利厚生費	従業員に対する慰安などのための費用
荷造運賃	商品、製品の販売に際して要する梱包、発送運賃など
販売手数料	売上の増大、販売の促進のために支出される手数料など
広告宣伝費	不特定多数の者に対する宣伝的効果を意図してなされる商品、製品の広告、宣伝の費用
旅費交通費	通勤や業務遂行に必要な出張旅費など
接待交際費	取引先など事業に関係のある者に対する接待、慰安、贈答などのために支出される費用
会議費	会議用の茶、菓子、弁当、会場使用料、取引先との打合せ費用
通信費	切手、はがき、電話、ファックス費用など
消耗品費	事務用品などの物品の消費によって発生する費用
修繕費	有形固定資産の維持補修に要する費用
水道光熱費	水道料、ガス料、電気代など
賃借料	コピー機・FAXなどのリース料
保険料	設備、棚卸資産にかけた火災保険料、機械の運送保険料など
地代家賃	建物、事務所、土地の賃借に要する費用
租税公課	印紙税、登録免許税、不動産取得税、自動車税、固定資産税など　但し、法人税、住民税、事業税(所得割)は含まれない
貸倒損失	債務者の倒産などにより、売掛債権が回収不能となった場合に生じる損失
減価償却費	有形固定資産、無形固定資産の減価償却費
寄付金	事業遂行に関係しない物品や金銭の贈与
雑費	上記以外の費用で、重要性がなく、とくに独立科目を設ける必要がない費用を処理する科目

5 販売費及び一般管理費のメインは人件費

役員報酬、従業員給料、福利厚生費などいろいろある

■ 人件費とは

　販売費及び一般管理費の内訳の中で一般的に最初に表示され、かつ、金額の大きいものは人件費です。人件費とは役員や社員に支給する役員報酬、従業員給料、その他社会保険料等の法定福利費、社宅や寮、食堂等の福利厚生費、さらには教育訓練費なども含まれます。

　法定福利費と福利厚生費は、共に従業員の福利厚生のための費用といえますが、両者は通常各々独立した科目で表示されます。

　法定福利費は、健康保険料、介護保険料、厚生年金保険料、雇用保険料の事業主負担分及び子ども・子育て拠出金、労災保険料などから構成されます。これらは社会保険料と総称されています。

　健康保険料と厚生年金保険料、さらに一定年齢以上の人に課される介護保険料は会社と従業員で折半します。

　次に、雇用保険料は、会社と従業員で一定割合を負担します。労災保険料と子ども・子育て拠出金は、全額会社が負担します。労災保険料と雇用保険料を合わせて労働保険料と呼びます。子ども・子育て拠出金は、前述の健康保険料等といっしょに支払われます。これらの保険料のうち、会社で負担した金額が、法定福利費として計上されることになります。

　福利厚生費は、従業員の福利厚生のために支出される費用であって、法律に基づいて負担支出する法定福利費とは区別して計上されるのが普通です。福利厚生費の範囲は、従業員の健康、慰労等に要した費用で会社が負担しているもの、具体的には健康診断費用、社員旅行、忘年会費用、各種慶弔費等があげられます。

企業が限りなくコストダウンに挑戦している今、人件費もコストダウンの対象とならざるを得ない状況になってきています。ノー残業デーの設定など、人件費削減に向けての企業の取り組みはますます厳しくなると思われます。また、従来社員を雇用して行っていた仕事を外注（アウトソーシング）に回し、給与の他、雇用にかかる法定福利費、福利厚生費等を削減する企業も増えています。

■ **人件費に含まれるもの**

| 役員報酬 | ➡ | 役員に支給する報酬 |

| 給与手当 | ➡ | 従業員に対して支給する給料、賃金、賞与、各種手当 |

| 法定福利費 | ➡ | 健康保険料、介護保険料の事業主負担分
厚生年金保険料の事業主負担分
子ども・子育て拠出金
雇用保険料の事業主負担分
労災保険料 |

| 福利厚生費 | ➡ | 医療関係（定期健康診断料、医務室関係費用等）
厚生施設関係（食堂関係諸費用、社宅・独身寮諸費用）
慶弔関係（結婚祝、香典、傷病見舞金、出産祝等）
消耗品関係（制服、作業服、茶、コーヒーなどの費用）
保険料関係（中小企業退職金共済掛金など） |

6 営業外損益、特別損益の勘定科目を知っておこう

経常利益・税引前当期純利益を算出する過程の損益項目である

■ 営業外損益とは何か

　損益計算書には、営業利益の次に、経常利益を算出する過程として、営業外収益と営業外費用があります。つまり、営業利益に営業外収益をプラスして、さらに営業外費用をマイナスしたものが経常利益とな

■ 営業外損益の勘定科目

分類	勘定科目	内容
営業外収益	受取利息	金融機関の預貯金利息、国債、社債などの有価証券利息など
	受取配当金	株式、出資、投資信託などに対する配当金の収入
	仕入割引	材料や商品の仕入代金の早期支払に対する割引額
	為替差益	外国通貨の所有または外貨建債権債務から生じる円貨との決済、円貨への換算に際して生じる為替相場の差額による利益
	雑収入	自動販売機の取扱手数料など、他の科目に当てはまらず、かつ、金額的に重要性の少ない雑多の項目を処理する科目
営業外費用	支配利息	金融機関からの借入金利息、他の会社からの借入金利息など
	手形売却損	金融機関などで手形を割り引いた（売却した）場合の手数料
	売上割引	売上債権を期日前に受け取ることによって支払う利息相当額
	為替差損	外国通貨の所有または外貨建債権債務から生じる円貨との決済、円貨への換算に際して生じる為替相場の差額による損失
	雑損失	現金過不足など、他の科目に当てはまらず、かつ、金額的に重要性の少ない雑多の項目を処理する科目

第3章 ◆ 損益計算書のしくみ

るのです。

　企業の営業活動によって発生した損益を営業損益とし、企業の営業活動以外によって発生した損益を営業外損益とします。営業外損益は事業会社の場合、主に財務活動に関連する損益が該当します。具体的には受取利息や支払利息などです。

　また、営業外収益及び営業外費用の項目は絶対的なものではなくあくまでも相対的なものです。その企業の営む事業によって異なってきます。なぜなら、その損益が企業の本業から生じた場合は営業損益となり、本業以外の活動から生じた場合は営業外損益になるからです。

■■ 特別損益とは

　損益計算書には、経常利益の次に、税引前当期純利益を算出する過程として、特別損益の項目があります。

　特別損益とは、経常的に発生しない項目ばかりで、具体的には災害などによる災害損失や土地など不動産を売却した場合の固定資産売却益など、あくまでも臨時的に発生した損益をいいます。

■ 特別損益の勘定科目

勘定科目	内容
前期損益修正損益	前期以前の損益の修正項目
固定資産売却損益	土地、建物などの固定資産の売却による損益
固定資産除却損	建物、機械装置などの固定資産の除却処分によって生じた損失
投資有価証券売却損益	投資目的で所有していた有価証券の売却損益
災害損失	災害により発生した臨時的な損失
保険金損益	保険の満期・解約による損益

7　5つの利益から儲けのしくみを理解する

段階利益を表示する目的は、正しい経営成績の判断を可能にするため

■■ 段階ごとに利益を表示する理由

　企業の損益は、その会計期間のすべての収益からすべての費用を差し引けば求められます。しかし、それでは最終的に黒字だったかどうかはわかりますが、どのような理由で儲けたかはわかりません。「何だか知らないけど儲かっちゃった」では会社経営を行っていくための情報としては、まったく不十分です。

　また、一般投資家の立場からしても、「どうやって儲かったのか」までわからなければ大金を出して投資をすることはできません。リスクが大きすぎます。その会社の本業で利益をあげたのか、それとも本業では損を出したが、臨時的な利益で本業の損をカバーしたかでは大きな違いがあるからです。

　たとえば、A社とB社の最終的な利益は同額とします。中身を見ると、A社は本業で利益をあげていましたが、B社は本業では赤字で、たまたま土地を売却した利益が大きく最終利益が黒字になったとします。投資家はA社B社のどちらの株を購入するでしょうか。前提条件やその他の背景が同じだとすれば当然A社に投資するはずです。

　このような理由から損益計算書では、利益の出所を明らかにしていく必要があるわけです。具体的には、損益の計算を次の5段階に分けて儲けのしくみを示していきます。その5つの段階とは、①売上総利益、②営業利益、③経常利益、④税引前当期純利益、⑤当期純利益の5つです。

　このように損益計算書上で、段階的に利益を表示する目的は、会社の利害関係者が、会社の経営成績を正しく判断できるようにするため

です。

次に、各段階の利益について見ていきましょう。

■■ 売上総利益

売上高から売上原価を差し引いたものを売上総利益といいます。正式な名称は会計上「売上総利益」といいますが、日常的には粗利又は荒利といっています。これらの言葉が示しているように「売上総利益」とは商品や製品そのものの儲けであり、もっとも根本的な利益ということができます。

また、「売上原価」は、一般的には商品の仕入原価のことです。ただし、あくまでも当期に販売された商品の仕入原価であることに注意してください。通常売れ残った在庫分は「売上原価」とはなりません。

■■ 営業利益

「売上総利益」から「販売費及び一般管理費」を差し引いたものが営業利益です。「販売費及び一般管理費」は、販売部門や管理部門などで発生したコストを指します。具体的には、販売費は、販売促進費、広告宣伝費、販売手数料などがその例です。一方、一般管理費は、管理部門の人件費、建物の家賃、減価償却費などがその代表です。

「営業利益」とは、その言葉通り会社の営業活動によってもたらされた利益のことです。「営業利益」が赤字のような会社では投資家に振り向いてもらえないことがほとんどです。「販売費及び一般管理費」のコスト削減をして「営業利益」は黒字にする必要があります。コストコントロールも「営業利益」を黒字にするためには重要なことです。経費のムダ使いは避けなければなりません。

■■ 経常利益

「営業利益」に「営業外収益」と「営業外費用」をプラスマイナス

した利益を「経常利益」といいます。営業外収益または費用とは、その会社の基本的な営業活動以外から生じる収益や費用を指します。代表的なものは、預金や借入から生じる受取利息や支払利息などです。

「経常」とは「繰り返す」という意味です。したがって、「経常利益」とは、「企業が毎期繰り返す経常的な活動の結果としての利益」ということができます。「経常利益」は一般に経常（けいつね）と呼ばれています。5つの段階利益の中でも一番注目される利益です。

■■ 税引前当期純利益

「経常利益」に「特別利益」と「特別損失」をプラスマイナスした利益を「税引前当期純利益」といいます。特別利益、特別損失は、経常的な事業活動以外から発生した利益、損失のことです。

たとえば、土地を売却した際の利益や、工場が火災に遭った際の災害損失などです。このように臨時的に発生する項目ですが、期間中に発生した損益であることには変わりありません。そうした損益も含めた利益が「税引前当期純利益」です。

■■ 当期純利益

会社の利益には、法人税・住民税・事業税の税金がかかります。税金もコストの一部です。「税引前当期純利益」から、これらの税金を差し引いたものを当期純利益といいます。法人税だけでも会社の利益（正確には法人税法上の課税所得）の15％（平成31年4月以降19％）または23.2％の税率で課税されます。現金が出ていくという意味では、人件費や支払利息などの経費と何ら変わるところはありません。「当期純利益」は、その事業年度の最終的な成果を表わす利益です。

■ 5つの利益からわかること

損益計算書
（自平成30年4月1日　至平成31年3月31日）　（単位：円）

Ⅰ	売上高			645,231,652
Ⅱ	売上原価			
	期首商品棚卸高	53,829,659		
	当期商品仕入高	452,336,585		
	計	506,166,244		
	期末商品棚卸高	47,658,532		
	差引		458,507,712	
	売上総利益		**186,723,940**	→最も基本的な利益で、売上高から売上原価を差引いた利益(粗利)
Ⅲ	販売費及び一般管理費			
	役員報酬	25,200,000		
	従業員給料	75,586,252		
	法定福利費	8,521,562		
	運賃	12,357,258		
	広告宣伝費	4,523,568		
	交際接待費	2,002,562		
	旅費交通費	7,758,256		
	消耗品費	2,153,263		
	地代家賃	23,568,569		
	水道光熱費	5,236,852		
	雑費	1,500,231	168,408,373	
	営業利益		**18,315,567**	→主たる営業活動で得た利益(本業利益)
Ⅳ	営業外収益			
	受取利息	253,652		
	雑収入	1,523,562	1,777,214	
Ⅴ	営業外費用			
	支払利息	1,352,632	1,352,632	
	経常利益		**18,740,149**	→主たる営業活動で得た利益と、それ以外に得た利益をプラスした利益(コンスタント利益)
Ⅵ	特別利益			
	固定資産売却益	1,356,213	1,356,213	
Ⅶ	特別損失			
	固定資産除却損	852,362		
	災害損失	563,231	1,415,593	
	税引前当期純利益		**18,680,769**	→税金を支払う前の会社のトータルの利益
	法人税、住民税及び事業税		8,406,346	
	当期純利益		**10,274,423**	→最終的に残った利益

8 費用は変動費と固定費に分けられる

固定費は売上の増減に左右されず、変動費は左右される

■ 固定費・変動費とは

　会社の経営に必要な費用は変動費と固定費の2つに分けることができます。

　まず、固定費とは、売上高や販売数量の増減に左右されないで一定に発生する費用であり、人件費と経費が主なものです。経費には広告宣伝費や交際費、社屋の地代家賃や減価償却費、リース料などが含まれます。

　つまり、固定費とは売上がゼロであったとしても発生する費用です。したがって、固定費が少なければ会社はリスクを減らすことができます。

　次に変動費とは、売上高や販売数量の増減に応じて変動する費用のことです。商品の売上原価、製造業の場合には材料費や外注加工費な

■ 固定費と変動費

固定費

費用／売上高

売上の増減に関係なく発生する費用。
人件費、広告宣伝費、地代家賃など

固定費

変動費

費用／売上高

売上の増減により変動する費用。
商品仕入高、外注賃など

変動費

傾きは変動費率

第3章 ◆ 損益計算書のしくみ

どが変動費に該当します。この変動費を売上高で割ったものを変動費率といいます。

■■ 限界利益とは

　限界利益とは、売上の増加に比例して発生する変動費を売上高から差し引いて求められる利益のことをいいます。つまり、単位当たりの売上高から一単位売り上げるのに直接要した費用を差し引いた額のことです。簡単な例をあげて見ていきましょう。

　たとえば、１個1,000円で仕入れた商品を1,200円で販売した場合、売上高は1,200円、変動費は仕入代金の1,000円ですから、限界利益は200円になります。限界利益がそのまま会社の儲けとなるのではなく、限界利益からその商品の販売にかかった人件費や広告宣伝費、地代家賃、減価償却費などの固定費を差し引き、営業利益が求められます。

　また、たとえば、売上高が2,000円で、この売上高に対応する変動費が1,900円の商品があったとします。この商品における限界利益は100円となりますから、売上高が1,200円しかなくても限界利益が200円ある商品の方が収益性が高いといえます。

　限界利益は会社の儲けの基本となる値なのです。

■ 売上高・変動費・限界利益・固定費・営業利益

売上高		変動費	
	限界利益	固定費	
		営業利益	

9 利益がゼロとなる損益分岐点を考えてみよう

変動費と固定費から限界利益を出す

■■ 損益分岐点とは

　前述したように、経常利益を獲得（以下経常黒字）するには、「粗利益が販管費などのコストを上回ればよい」ということは理解できたと思います。ここで重要なのが、経常黒字になるように目標を設定し、利益計画を立てるということです。ここからは、どうすれば経常黒字の計画が立てられるのかについて見ていきます。

　利益計画に利用されるのが、損益分岐点を使った分析方法です。

　損益分岐点とは、損失が出るか利益が出るかの分かれ目となる売上高又は数量のことをいいます。つまり、売上高と費用が同じ、利益も損失も発生しない金額のことで、発生した費用を回収できる売上高です。損益分岐点を分析することによって、経営者は目標利益を達成するためには、どの程度の売上高が必要になるのか、またはコストはどの程度に抑えるべきかを見きわめることができます。このように損益分岐点を分析することで、企業は経営計画を立てることができるのです。

　損益分岐点分析をする場合、まず企業のコストを変動費と固定費に分類します。変動費や固定費については前述しましたが、もう一度確認しておきましょう。変動費とは、材料費や商品仕入など売上高の増減に比例して発生する費用のことでした。固定費とは、家賃や給料など会社の売上高の増減に関係なく一定金額が発生する費用のことでした。この分類は損益計算書の売上原価、販売費及び一般管理費について行います。そして次の算式によって、損益分岐点売上高、つまり利益がちょうどゼロとなるような売上高はいくらであるかを求めます。それを上回れば黒字になるというわけです。

> 損益分岐点売上高③　＝　固定費／｛1－（変動費÷売上高①）｝
> 　　　　　　　　　＝　固定費／（1－変動費率）
> 限界利益率　　　　＝　（1－変動費率）②

　算式だけでは理解するのが難しいかもしれませんので、算式が意味する内容を確認していきましょう。

　たとえば販売する商品は1種類、売上に対する変動費は商品の仕入のみ、それ以外の経費はすべて固定費であったとします。

　この場合①の「変動費÷売上高」とは、売値に対する原価の占める割合、つまり原価率の一種ということになります。そして、②の限界利益率（「1－変動費率」）とは、言いかえると「1－原価率」、つまり商品1個当たりの利益率（以下「利益率」）ということになります。

　要するに③の損益分岐点売上高は、「固定費÷利益率」で算出されるいうしくみです。

　固定費の金額を低くおさえれば、損益分岐点売上高も低くなります。つまり、黒字にもっていくための目標売上高のハードルも下がり、達成しやすくなるというわけです。また、利益率についても同じことがいえます。利益率が高い付加価値の多い商品であれば、すぐに固定費を上回ることができますし、反対に利益率が低いと損益分岐点売上高の金額も高くなり、目標達成が厳しくなります。

　具体的に「損益分岐点」を計算してみましょう。たとえば、売上高が2000万円、変動費が1200万円、固定費が600万円、利益200万円の会社があったとします。

　まず、変動費率は1200万÷2000万＝0.6。限界利益率は1－0.6＝0.4。よって損益分岐点売上高は600万÷0.4＝1500万円となります。

　このように、「損益分岐点」は上記の算式で求められますが、グラフを作成することで、「売上高」「コスト」「利益」の関係がより明ら

かになります（図は次ページ）。

　まず、横軸に売上高をとります。縦軸にコストをとります。そして斜めに45°の斜線を引きます。この斜線は、売上高と費用が同じ、つまり「トントン」の状態であるという事を意味します。そして固定費として縦軸の600万円のところに平行線を引きます。固定費の額は、売上高が上がっても変わらないと考えられますので、平行線になります。次に売上高2000万円のところから垂直線を引き、固定費の上に1200万円分の変動費をとります。その点と600万円の線を直線で結びます。そしてその直線と斜線が交わる点が損益分岐点となります。この場合の「損益分岐点」は1500万円となります。上記の計算式で計算しても同じ結果になるはずです。

　つまり、売上高が1500万円の時は、損益がトントンの状態です。売上高が1500万円より少ない場合は損失が生じ、1500万円を上回る場合は利益が生じます。

■ 利益がゼロとなる売上高や販売数

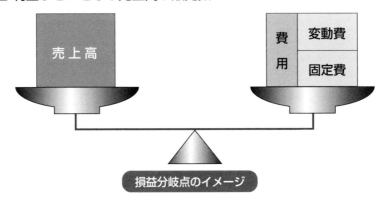

損益分岐点のイメージ

なお、「利益を200万円出すにはいくらの売上高があればよいか」といったことを考える場合にも、算式を応用することができます。(固定費+目標利益)を限界利益率で割れば必要な売上高を求めることができます。具体的には、(600万円+200万円)÷(1－0.6)＝2000万円です。2000万円の売上を達成すればコストを引いた後の利益が200万円になります。

> 目標達成に必要な売上高　＝（固定費+目標利益）÷限界利益率

■ 損益分岐点

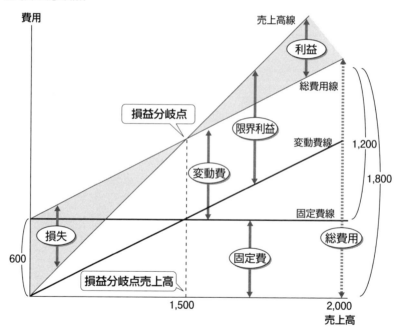

10 製造原価報告書も見てみよう

製造原価は材料費、労務費、外注費及び製造経費から構成される

■■ 製造原価とは

　卸売業や小売業などのように仕入れた商品を、そのまま販売する会社の場合は、売上総利益（粗利）の計算は簡単です。たとえば、今期の売上高が10万円で、その商品の仕入価額（売上原価）が９万5000円であれば、儲けである売上総利益は、10万円から９万5000円を差し引いた5,000円ということになります。

　しかし、製造業などの場合は、小売業などのように仕入れた商品をそのまま売るわけではありませんから、売上総利益の計算も少し複雑になります。製造業の場合、通常、原材料などを仕入れ、それを加工して製品を作り上げます。そして、その製品を販売して利益を稼ぎだすというシステムになっています。そのため、製造業などの場合、会社の儲けである売上総利益は、その会社の製品の売上高から、その製品を作り上げるまでにかかった総費用（原価）を差し引いて求めることになります。この原価のことを製造原価といいます。製造業などの場合は、「仕入原価」ではなく製品の「製造原価」を計算しないと儲けである売上総利益が計算できないことになります。

　製品を作る場合には、原材料、労力、機械・工具、動力（電気・燃料など）などが必要になりますが、これらのものが実際にいくらかかったのかをまとめたものが製造原価報告書です。

　製造原価は、材料費、労務費、外注費、製造経費から構成されています（84ページ）。では、主な製造原価について、簡単にその内容を確認しておきましょう。

　まず、材料費は、はじめ（期首）にあった材料費（期首材料棚卸

高）に当期に新たに仕入れた材料費（当期材料仕入高）をプラスして、さらに、その期の最後（期末）に残った材料費（期末材料棚卸高）をマイナスすることによって求めます。これが当期の製品製造に投入した材料費というわけです。

次に、労務費は、その会社における製品の製造のために工場（現場）で働く人（工員）の賃金・賞与・アルバイト代（雑給）やその工員にかかる法定福利費、福利厚生費などの人件費のことです。

外注費は、その会社の製品の製造工程の一部について、自社ではなく、下請業者などの他社に加工などを委託（外注）した場合の費用です。

製造経費には、前述した経費の他の様々な経費があります。たとえば、工場消耗品費は、工場（現場）で使用する工具などの購入にかかる経費です。不動産賃借料は工場の敷地及びその工場の賃借料です。機械装置賃借料はその工場で使用している機械の賃借料（リース料も含む）です。電力料、燃料費、水道料はその工場でかかる光熱費、工場の電気代、機械の燃料費のことです。修繕費は工場または機械の修繕にかかった費用です。減価償却費はその工場そのもの、または機械にかかる減価償却費です。その他にも多くの経費がかかっています。

■仕掛品とは

当期にかかった材料費、労務費、外注費、製造経費の合計額が、「当期総製造費用」になります。これにさらに「期首仕掛品棚卸高」と「期末仕掛品棚卸高」をプラスマイナスして「当期製品製造原価」を構成しています。

仕掛品とは、製造途中にある製品、つまり生産工程にのっているがまだ完成には至っていないものや、作業現場で製造途中の製品のことをいいます。原材料をいくらかでも加工したのであれば仕掛品として考えます。仕掛品は半製品と混同しがちですが、半製品とは異なり、仕掛品は、それ自身での販売や、交換価値を見込めないものをいいま

す。勘定科目としての仕掛品は、貸借対照表の「資産の部」に表示されることになります（下図参照）。

　期首の仕掛品や期末の仕掛品は、完成品ではありませんので、完成品である製品の製造原価と同じ金額ではないはずです。そのため材料費は数量按分、加工費などはその仕掛品の進捗度、つまり完成度合を求めて、その進捗割合（完成品を100％とした場合の％）を製品の製造原価に掛けて仕掛品の金額を計算するのが一般的です。完成品の何％で仕掛品を評価するかを決めなければ「当期製品製造原価」が求められないわけです。

■ 製造原価報告書と損益計算書、貸借対照表の関係

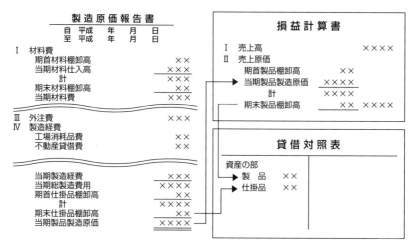

※当期製品製造原価は「製造原価報告書」の最末尾行の金額と一致する。
※製品は「損益計算書」の期末製品棚卸高の金額と一致する。
※仕掛品は「製造原価報告書」の期末仕掛品棚卸高の金額と一致する。

■ 製造原価報告書

製 造 原 価 報 告 書

自 平成　年　月　日
至 平成　年　月　日

Ⅰ	材料費		
	期首材料棚卸高	××	
	当期材料仕入高	×××	
	計	×××	
	期末材料棚卸高	××	
	当期材料費		×××
Ⅱ	労務費		
	賃金	××	
	賞与	××	
	雑給	××	
	退職給付費用	××	
	法定福利費	××	
	福利厚生費	××	
	当期労務費		×××
Ⅲ	外注費		×××
Ⅳ	製造経費		
	工場消耗品費	××	
	不動産賃借料	××	
	機械装置賃借料	××	
	電力料	××	
	燃料費	××	
	水道料	××	
	交際費	××	
	旅費交通費	××	
	通信費	××	
	修繕費	××	
	支払保険料	××	
	租税公課	××	
	減価償却費	××	
	雑費	××	
	当期製造経費		×××
	当期総製造費用		××××
	期首仕掛品棚卸高		××
	計		××××
	期末仕掛品棚卸高		××
	当期製品製造原価		××××

第4章
貸借対照表のしくみ

1 貸借対照表とはどんな書類なのか

「資産の部」「負債の部」「純資産の部」の3つから構成されている

■ 貸借対照表から資金の調達源泉と運用形態がわかる

　貸借対照表とは、決算日現在など一定時点の企業の財政状態を知るための決算書です。財政状態とは、企業がどのように資金を集めて、その集めた資金をどのような資産へと投下しているのかという資金の調達源泉とその運用形態の関係のことをいいます。企業が調達してきた資金がどのような形に姿を変えて運用されたのか、という運用形態を表わすのは貸借対照表の左側の「資産の部」です。そして資金の調達源泉、つまり、どこから資金を調達したのかを表わすのは、貸借対照表の右側の「負債の部」と「純資産の部」です。資金の調達先にはいろいろありますが、これらの調達資金は返済義務があるかどうかによって2種類に分けられます。たとえば、銀行からの借入金などの負債は、必ず期日には返済しなければなりません。これに対して資本金などの純資産は、返済不要の資金源になります。

　このように返済義務のない調達資金を自己資本、これに対して負債は返済義務のある調達資金であるため他人資本といいます。

■ 貸借対照表の構成

　貸借対照表はバランス・シートとも呼ばれ、一定時点（期末、四半期末、月末）における会社の財政状態を表わし、「資産の部」「負債の部」「純資産の部」の3つの部から構成されます。

　「資産の部」は、「負債の部」と「純資産の部」の合計と常に等しくなります。これがバランス・シートと呼ばれる理由です。その3つの構成を式で表わすと次のようになります。

> 「資産の部」＝「負債の部」＋「純資産の部」

　貸借対照表の左側には、「資産の部」があり、会社の調達した資金がどのように運用されているかを表わしています。「資産の部」は大きく分けて「流動資産」「固定資産」「繰延資産」の３つから構成されています。また、この「資産の部」の合計は、「総資産」とも呼びます。

　貸借対照表の右側は、資金の調達源泉、つまりどこから調達したかを表わしています。ここは「負債の部」と「純資産の部」から構成されています。会社を運営する資金を金融機関など他人から調達した資金（負債）と株式の発行により調達した資金（純資産）に分けて表示をしているのです。「負債の部」は、返済期限の長さを基準に「流動負債」と「固定負債」に分けて表示しています。「純資産の部」は、「株主資本」と「評価・換算差額等」と「新株予約権」に分けて表示しています。

■ 左側のイメージをつかもう

　「資産の部」は、会社が保有する資産の一覧表です。つまり現金そのものか、将来現金へと変わるもの、現金を使って購入したものの集まりということになります。資産の中には将来現金に変わるものと、変わらないものとがあります。たとえば手形や売掛金、運用目的の証券などは近いうちに現金に変わる可能性のある資産です。また、不動産など長期保有目的で取得した資産は、会社が処分しない限り現金化することはまずありません。「資産の部」では、これらの資産について、現金化しやすいものから順に上から表示されています。

■ 右側のイメージをつかもう

　貸借対照表の右側は資金の調達源泉です。つまり、お金が入ってき

た原因や、将来お金を支払う理由が表示されているといえます。たとえば資本金として株主からお金を調達した、買掛金や未払金として将来支払うべき金額があるなどの理由です。

　表示としては「負債の部」と「純資産の部」の大きく2つに区分されます。負債を他人資本、純資産を自己資本ともいいます。これは、お金を「誰から」入手したのかということを意味します。他人資本ということは、他人から入手したお金です。いずれは返済しなければなりません。一方、自己資本は、言葉通り会社自身のお金です。返済する必要はありません。

　他人資本である負債についても、返済期日が迫っているものと当分返さなくてよいものがあります。「負債の部」では、返済期日の早いものから順に表示されています。

■ 両者はどう違うのか

　決算書は、複式簿記を使った仕訳作業の完成形といえます。複式簿

■ お金の流れと貸借対照表

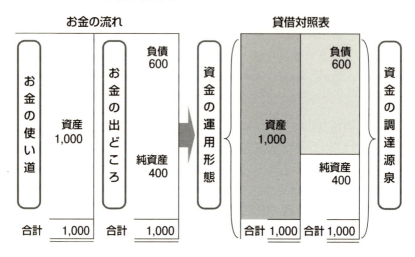

記では、お金が入るときは左側の借方、出ていくときは右側の貸方に表示します。つまりお金は左から入って右へ出るイメージです。

これをふまえて貸借対照表を見ていくと、左側には、まず、入ってきた現金があります。その下にはその現金で買ったもの、将来現金が入ってくる予定のものが並びます。一方、右側に表示されているのはお金を調達した原因や理由です。つまり、現金や現金から形を変えたものなど、運用の状況が左側に表示されていることになります。

■ 貸借対照表

貸借対照表
平成31年3月31日
(単位：円)

資産の部		負債の部	
流 動 資 産	744,453	流 動 負 債	304,440
現金及び預金	285,380	支 払 手 形	9,150
受 取 手 形	40,268	買 掛 金	75,210
売 掛 金	120,659	短 期 借 入 金	126,000
有 価 証 券	253,618	未 払 金	26,500
商 品	35,692	未 払 法 人 税 等	18,685
前 払 費 用	10,336	預 り 金	23,465
貸 倒 引 当 金	△1,500	賞 与 引 当 金	25,430
固 定 資 産	182,971	固 定 負 債	240,125
有形固定資産	96,366	社 債	75,000
建 物	72,520	長 期 借 入 金	120,000
機 械 装 置	15,530	退職給付引当金	45,125
車 両 運 搬 具	2,356		
土 地	5,960	負 債 合 計	544,565
無形固定資産	150		
の れ ん	25		
ソフトウエア	125	純資産の部	
投資その他の資産	86,455		
投資有価証券	65,830	株 主 資 本	323,000
出 資 金	18,560	資 本 金	70,000
長 期 貸 付 金	1,520	資 本 剰 余 金	53,000
長期前払費用	563	利 益 剰 余 金	200,000
貸 倒 引 当 金	△18	評価・換算差額等	35,000
繰 延 資 産	141	新 株 予 約 権	25,000
社 債 発 行 費	141	純 資 産 合 計	383,000
資 産 合 計	927,565	負債・純資産合計	927,565

2 勘定科目の設定は慎重に行う

勘定科目はその内容が理解しやすい名称を選ぶのが原則

■■ 勘定科目の集計が決算書になる

　決算書は、その事業年度の各勘定科目の集計残高を基に作成します。収益・費用の残高を集計したのが損益計算書であり、資産・負債・純資産の科目の残高を集計したのが貸借対照表となります。

　そこで、決算書をどのように表示するのかということを前提に勘定科目を設定しておくと便利です。

　勘定科目は、会計処理の基になるものですから、勘定科目を設定する際には、次のような点に留意することが必要です。とくに「企業会計原則」の一般原則で定められている「明瞭性の原則」に従い、わかりやすい勘定科目を設定することが一番重要です。

① その内容が理解しやすい名称を選ぶこと
② 異なった性質の取引を同一科目に混入しないようにすること
③ 事業の規模及び種類に応じた科目を選択すること
④ 一度設定された科目はむやみに変更しないこと
⑤ 各科目の内容が系統的に分類表示されていること

■■ 科目の並びは流動性配列法による

　一口に資産といっても、その中身は現金や有価証券といった換金性の高いものから、工場や機械設備、土地といった換金性の低いものまで様々です。貸借対照表では、すべての資産を換金性（流動性といいます）の高い科目から順番に上から下へと並べて表示する方法を採っています。

　このような順番で表示する方法を「流動性配列法」といいます。こ

のように貸借対照表の資産科目は、上にいくほど資金化が早く、下にいくほど資金化が遅くなるようなルールに従って並べられています。負債も、支払わなければならない時期の早いものから上から下に順番に並べていきます。

つまり、「流動性」とは資産が資金化されるまでの道のりの長さを示しています。

■ 流動配列法による貸借対照表

3 流動資産とはどんなものなのか

現金預金及び1年以内に現金化が可能な資産である

■ 流動資産とは

「資産の部」は、「流動資産」「固定資産」「繰延資産」に分けられます。「流動資産」は、流動性が高い資産です。流動性が高いということは現金化しやすいという意味です。つまり、「流動資産」とは、企業の保有する資産のうち主に1年以内に現金として回収されるものです。

現金、預金の他に商品や製品、売掛金、受取手形なども流動資産に含まれます。商品や製品は売れれば現金や売掛金又は受取手形になります。売掛金は回収すれば現金になり、受取手形は期日が来れば現金になるからです。このため、これらは流動資産に含まれます。

このように、現金預金及び比較的短期間に換金される資産が流動資産ということになるのですが、短期間であるかどうかの判定は、商品の販売による売掛金など、通常の営業活動から生じたものについては「正常営業循環基準」、貸付金などについては「1年基準」によります。

正常営業循環基準とは、現金・預金、棚卸資産、売掛金といった営業循環過程にあるものは、流動資産に分類するという考え方です。この考え方の下では、これらの資産は現金化される期間が1年を超えるものでも流動資産とします。

これに対して、1年基準とは、1年以内に現金化される資産を流動資産とし、1年を超えて現金化される資産を固定資産とするものです。

■ 流動資産の分類

流動資産は、さらに①当座資産、②棚卸資産、③その他流動資産の3つに分けられます。

① 当座資産

当座資産とは、流動資産の中でもとくに現金化しやすい資産のことです。

たとえば、現金・預金、受取手形、売掛金、売買目的で保有している有価証券などが当座資産に該当します。

② 棚卸資産

棚卸資産とは、販売を目的とした商品や製品です。つまり在庫品のことです。商品とは他の会社から仕入れてきて、それを別の会社にそのまま販売するものです。製品とは、自社で製造したり他の会社から購入したものを加工して販売するものをいいます。これらの資産は販売されて初めて現金化されるものですから当座資産より現金化には時間を要する資産です。

③ その他流動資産

その他流動資産とは当座資産、棚卸資産以外で、1年基準を基にした考え方から流動資産に分類されたものです。

たとえば、前渡金、短期貸付金、未収入金、仮払金、立替金などがこれにあたります。

■ 棚卸資産とは

仕入先から購入した商品・自社で製造した製品など

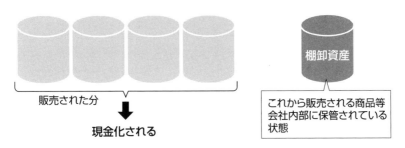

4 流動資産の勘定科目を知っておこう

当座資産・棚卸資産・その他流動資産の3つに分類される

■ 流動資産の勘定科目にはどんなものがあるのか

　流動資産についての主な勘定科目の内容を見ていきましょう。
　92ページで述べたように、流動資産は、①当座資産、②棚卸資産、③その他流動資産の3つに分類され、それぞれについて次ページ図のような勘定科目があります。
　「現金及び預金」とは、通貨及び普通預金、当座預金並びに1年以内に満期となる各種の預金を指します。
　「受取手形」とは、商品の販売の対価として受け取った手形債権を指します。
　「売掛金」は、商品の販売（引渡し）は完了していますが、まだ代金回収が行われていないものを指します。商品以外の土地などの売却代金の未回収部分は、売掛金ではなく未収入金となります。売掛金は、比較的回収が容易なはずですが、相手企業の倒産等で貸倒れ（債権が回収できなくなること）になってしまうリスクがありますので、売掛金のすべてが現金で回収できるわけではありません。このため、決算時において過去の回収できなかった割合を示す貸倒実績率を参考にして計算した回収不能見込額を貸倒引当金としてあらかじめ計上しておきます。これが109ページに掲載した貸借対照表「資産の部」の流動資産の一番下にある「貸倒引当金」で△（－（マイナス）のこと）がついている科目です。貸借対照表に「流動資産合計」を記載する場合、流動資産の合計から貸倒引当金を差し引いた金額が、流動資産合計の金額となります（109ページの貸借対照表「資産の部」参照）。
　「有価証券」とは、通常の売買を目的とした株式や1年以内に満期

の到来する社債やその他の債券などを指します。

「商品」とは、販売目的で他社から仕入れたもののうち、決算期末に残っている在庫のことです。

「前払費用」とは、地代家賃、リース料、支払利息、保険料など期間を対象に計算して支払われる経費について、今期支払ったもののうち、来期以降の期間に対応するため、つまり来期以降に費用にするために資産計上されるものです。

■ 一般的な流動資産の勘定科目

分類	勘定科目	内容
当座資産	現金	通貨、通貨代用証券
	預金	預金、貯金（郵便局）
	受取手形	通常の営業取引により受け入れた手形
	売掛金	商品、製品、半製品などの未収の販売代金・請負工事の未収代金など
	有価証券	株券、社債券、国債証券、地方債証券など
棚卸資産	商品	販売目的で外部から仕入れた物品など
	製品	販売目的で自社で生産した物品など
	仕掛品	工場等の製造現場で製造過程にある物品など
	原材料	原料、材料、買入部品など
その他流動資産	前渡金	仕入先に対する商品・材料購入代金の前払金
	短期貸付金	得意先、仕入先、関係会社、従業員などに対する貸付金
	未収入金	固定資産、有価証券などの売却代金の未収額
	仮払金	旅費交通費、交際費などの概算払金額
	立替金	取引先、従業員などに対する一時的な立替払い
	前払費用	翌期以降の費用の前払いとして当期に支払ったもの
	未収収益	当期に発生した収益であるが、未収状態にあるもの

5 固定資産とはどんなものなのか

有形固定資産・無形固定資産・投資その他の資産に分類される

■ 固定資産の種類を見てみよう

　固定資産とは、企業の所有する資産のうち長期間にわたって使用または利用される資産をいいます。イメージとしてはなかなか現金化されない資産のことで、1年を超えて使用したり、投資したりしている資産が固定資産ということになります。

　固定資産は、①有形固定資産、②無形固定資産、③投資その他の資産の3つに分けられます。それぞれの資産の内容は次の通りです。

① 　有形固定資産

　建物、機械装置、車両運搬具、土地などのように実体のある資産で、長期にわたり事業の用に使用する目的で保有する資産をいいます。

② 　無形固定資産

　ソフトウェアなどの具体的な形がない資産です。長期間にわたって経営に利用される資産で形はないが、経済的な収益力や法律で認められた特別な価値のある権利などをいいます。なお、従来の営業権は「のれん」と名称変更されています。

③ 　投資その他の資産

　固定資産のうち、企業の経営支配、取引関係の維持などを目的として保有する資産をいいます。たとえば、投資有価証券、出資金、長期貸付金などが該当します。また、預金でも、長期の定期預金のようなその預入れ期限が決算日後1年を超えるものは投資その他の資産に該当します。

▉▉ 時の経過に従って固定資産を経費化する

　事業に必要な資産のうち、建物や機械装置などのように時の経過などによって毎年価値が下がっていく資産を購入した場合、これらの資産は、購入時の取得価額が全額購入時の費用になるのではなく、一度、固定資産として資産に計上されます。このように、会社の持つ資産のうち、時間が経つにつれてその価値の減少を資産の金額に反映させる処理のことを減価償却といいます。

　この資産計上された固定資産については、毎年価値が下がった部分を減価償却費として費用に計上していきます。減価償却費は購入した期以降の期については、資金の出を伴わない費用という性格があります。

　なお、建物や機械装置のように時の経過などによって価値が減っていくような資産を減価償却資産といいます。

　ただし、取得価額が10万円未満または使用可能期間が1年未満のものであれば、購入時に経費に計上できます。

　取得価額の判定については、消費税を含めるかどうかは企業の採用している経理方法によります。つまり税込経理であれば消費税を含んだ金額で、税抜経理であれば消費税を含まない金額で判定します。

■ 固定資産の分類

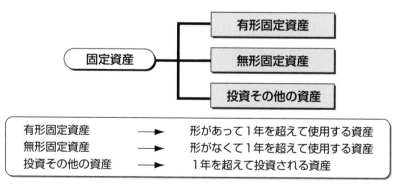

減価償却の計算方法には、定額法と定率法などがあります。

① 定額法

次の算式で計算した金額を各事業年度の償却限度額とする方法です。

定額法の償却限度額＝取得価額×定額法の償却率

償却率とは、資産が価値を持つと考えられる年数（耐用年数）に基づいて算出されます。

② 定率法

次の算式１により計算した金額（以下「調整前償却額」という）を各事業年度の償却限度額とする方法です。ただし、調整前償却額が償却保証額に満たない場合は、次の算式２により計算した金額が各事業年度の償却限度額となります。

（算式１）

　定率法の償却限度額＝（取得価額－既償却額）×定率法の償却率

（算式２）

　調整前償却額が償却保証額に満たない場合の定率法の償却限度額
　＝改定取得価額×改定償却率

「償却保証額」とは、減価償却資産の取得価額にその減価償却資産の耐用年数に応じた保証率を掛けて計算した金額です。「既償却額」とは、前事業年度までに損金の額に算入された償却費の累積額です。

「改定取得価額」とは、原則として、調整前償却額が最初に償却保証額に満たなくなる事業年度の期首未償却残高をいいます。

■ 定額法と定率法による減価償却

	定額法	定率法
特徴	減価償却費の額が原則として毎年同額	減価償却費の額は初めの年ほど多く、年と共に減少する
減価償却の計算方法	取得価格 × 定額法の償却率	(取得価額－既償却額) × 定率法の償却率又は改定取得価額 × 改定償却率
	(注) 資産を年の中途で取得又は取壊した場合等には、上記の金額にその年において事業に使用していた月数を12で除した値を掛けた金額になる	

(例)耐用年数8年の資産(200万円)の場合

	定 額 法	定額法の未償却残高
償 却 率	0.125	
改定償却率	－	
保 証 率	－	
1 年 目	2,000,000×0.125×12／12＝250,000	1,750,000
2 年 目	2,000,000×0.125×12／12＝250,000	1,500,000
3 年 目	2,000,000×0.125×12／12＝250,000	1,250,000
4 年 目	2,000,000×0.125×12／12＝250,000	1,000,000
5 年 目	2,000,000×0.125×12／12＝250,000	750,000
6 年 目	2,000,000×0.125×12／12＝250,000	500,000
7 年 目	2,000,000×0.125×12／12＝250,000	250,000
8 年 目	2,000,000×0.125×12／12＝250,000→249,999	1

	定 率 法	定率法の未償却残高
償 却 率	0.25	
改定償却率	0.334	
保 証 率	0.07909	償却保証額 158,180円
1 年 目	2,000,000×0.25 ×12／12＝500,000	1,500,000
2 年 目	1,500,000×0.25 ×12／12＝375,000	1,125,000
3 年 目	1,125,000×0.25 ×12／12＝281,250	843,750
4 年 目	843,750×0.25 ×12／12＝210,937	632,813
5 年 目	632,813×0.25 ×12／12＝158,203	474,610
6 年 目	474,610×0.25 ×12／12＝118,652＜償却保証額158,180 →474,610×0.334×12／12＝158,519	316,091
7 年 目	474,610×0.334×12／12＝158,519	157,572
8 年 目	474,610×0.334×12／12＝158,519→157,571	1

6 固定資産の勘定科目を知っておこう

「建物」「特許権」「投資有価証券」といった勘定科目がある

■■ 有形固定資産・無形固定資産の中身

次に、具体的な勘定科目の内容を見ていきましょう。

「建物」とは、土地に定着して建設された事務所、営業所、工場、倉庫などの建物のことです。「機械装置」とは、原材料などを加工する工場の各種製造設備全般のことです。「車両運搬具」とは、自動車、トラック、バス、オートバイ、フォークリフトなどです。「土地」とは、事務所、工場、駐車場、資材置場などの敷地のことです。土地勘定でいう「土地」とは、営業目的のために使用される土地をいいますので、不動産販売業のように販売目的のために持っている土地は「商品」として流動資産になります。

建物、機械装置、車両運搬具などの資産は使用や時の経過によってその価値が減っていきます（減価）。このような資産を減価償却資産といいます。これに対して、土地は、建物などの有形固定資産とは異なり、使用や時の経過によって価値が減っていくものではありませんので、資産であっても減価償却の対象から除外します。

また、建物のように使用や時の経過によって減価する資産の貸借対照表に記載する金額は、購入時の金額から、今までの減価部分相当額（減価償却累計額といいます）を控除した金額となります。この減価償却累計額の貸借対照表上の主な表示方法には、次ページ図にあるように2種類の方法があります。

■■ 無形固定資産の中身

「のれん」とは、たとえば企業買収をした際に、被買収企業から取

得した、資産と負債の評価差額（純資産）と、買収に際し支払った対価との差額をいいます。この差額は被買収企業がもっている技術やブランド力など、他社を上回る収益力（超過収益力）に対して支払ったものであり、形にはない価値です。

「ソフトウェア」とは、コンピュータに一定の仕事を行わせるためのプログラム（コンピュータソフト）のことです。

■■ 投資その他の資産の中身

投資有価証券とは、企業の持ち合い株式や、満期までの期間が1年超の債券、市場での価格がない有価証券など会社が長期で保有している株式や債券のことです。出資金とは、株式会社以外の企業等に対す

■ 減価償却累計額の貸借対照表上の表示方法

減価償却累計額を科目別に控除する方法	減価償却累計額控除後の残額を記載・累計額を注記する方法
有形固定資産 　建物　　　　　　　　　××× 　減価償却累計額　△××　××× 　機械装置　　　　　　××× 　減価償却累計額　△××　×××	有形固定資産 　建物　　　　　　××× 　機械装置　　　　××× （注）有形固定資産減価償却累計額は×××円です。

■ ソフトウェアの減価償却方法

ソフトウェアの区分	企業会計上の減価償却方法	税務上の減価償却方法
市場販売目的	3年以内での見込み販売数量に基づく方法、見込み販売収益に基づく方法等、当該ソフトウェアに最も適した方法	定額法（耐用年数3年）
自社利用目的	5年以内の年数での定額法等、そのソフトウェアに最も適した方法	定額法（研究開発用は耐用年数3年、その他は耐用年数5年）

※企業会計上は毎期見直しが必要

る出資などです。長期貸付金とは、従業員などに対する貸付金のことです。返済期限が1年を境に短期貸付金勘定と長期貸付金勘定に分けられます。

■ 一般的な固定資産の勘定科目

分類	勘定科目	内容
有形固定資産	建物	事業用の店舗、倉庫、事務所等の建物
	構築物	事業用の橋、岸壁、さん橋、坑道、煙突、その他土地に定着した建物以外の工作物
	機械装置	事業用の機械、装置、コンベア、起重機等の搬送設備
	車両運搬具	営業用の鉄道車両、自動車その他の陸上運搬具
	土地	事業用の工場・事務所の敷地、社宅敷地、運動場、資材置場
無形固定資産	特許権	産業財産権(工業所有権)の1つで産業上利用することができる新規の発明を独占的、排他的に利用できる権利
	借地権	建物の所有を目的とする地上権又は土地の賃借権
	のれん	合併等により取得した事業の支払対価が、承継した純資産額を上回る場合のその超過額をいう
	ソフトウエア	コンピュータシステムのソフトウエアの取得に要した金額
投資その他の資産	投資有価証券	長期目的で所有する株式、公社債
	関係会社株式・関係会社出資金	子会社の株式(例 持分50%超保有)、関連会社の株式(例 持分20%以上50%以下保有)、株式会社以外のこれらに準じた出資金
	長期貸付金	得意先、従業員などに対する貸付金のうち、決算日後1年を超えて返済されるもの
	差入保証金	新規の営業取引開始や建物を賃借する場合に差し入れた保証金
	出資金	合同会社、合資会社、合名会社、協同組合等への出資額
	長期前払費用	前払費用のうち、実際の費用化が決算日後1年超を経過して生じるもの
	繰延税金資産	税効果会計の適用により資産として計上される金額
	破産更生債権等	受取手形等の営業債権及び貸付金、立替金等のその他の債権のうち、破産債権、更生債権その他これらに準ずる債権で決算日後1年以内に弁済を受けられないことが明らかなもの

7 繰延資産と勘定科目について知っておこう

支出の効果が将来にわたって期待されることから資産計上される

■■ 繰延資産の種類

　貸借対照表の「資産の部」には、流動資産にも固定資産にも属さない「繰延資産」という資産があります。繰延資産とは、過去に支出した費用の中で、その支出した効果が、来期以降にも影響が及ぶと考えられるものをいいます。

　会社計算規則では、繰延資産について、「繰延資産として計上することが適当であると認められるもの」と規定しているだけで、繰延資産として計上することができる項目及びその会計処理について具体的な取扱いが示されていません。ただし、企業会計基準委員会は、これまで行われてきた繰延資産の会計処理をふまえ、当面必要と考えられる実務上の取扱いについて検討し、平成18年8月に「繰延資産の会計処理に関する当面の取扱い」を公表しており、それによると①株式交付費、②社債発行費等、③創立費、④開業費、⑤開発費の5つの項目を繰延資産として取り扱うことになっています。

■■ 繰延資産の取扱い

　繰延資産については、すでに代価の支払が完了し、又は支払義務が確定し、これに対応する役務の提供や財の費消が完了しているにもかかわらず、支出の効果が将来にわたって期待されるという理由から、貸借対照表に資産として計上します。つまり、繰延資産は来期以降の期間に配分して、長期にわたって少しずつ費用化するということになります。

　流動資産や固定資産は、将来にわたる利用価値も含めて、財産的な

価値のあるものです。これに対して、繰延資産は、財産的な実体もなければ財産的な価値もありません。それではなぜ、資産に計上する必要があるのか疑問に思うかもしれません。繰延資産は、その支出の効果が、将来にわたって長期的に期待されます。また、会計原則では、支出した費用は、支出の効果である収益に対応させることを求めています。そのため繰延資産については、いったん資産に計上して、少しずつ費用化することが認められています。

■■ 法人税法固有の繰延資産もある

また、法人税法固有の繰延資産もあります。法人税法では、①自己が便益を受ける公共的施設又は共同的施設の設置または改良のために

■ 繰延資産の種類

項　目	内　容
株式交付費	株式募集のための広告費、金融機関の取扱手数料、証券会社の取扱手数料、目論見書・株券等の印刷費、変更登記の登録免許税、その他株式の交付等のために直接支出した費用をいう。
社債発行費	社債募集のための広告費、金融機関の取扱手数料、証券会社の取扱手数料、社債申込証・目論見書・社債券等の印刷費、社債の登記の登録税その他社債発行のため直接支出した費用をいう。
創立費	会社の負担に帰すべき設立費用。たとえば、定款及び諸規則作成のための費用、株式募集その他のための広告費、株式申込証・目論見書・株券等の印刷費、創立事務所の賃借料、設立事務に使用する使用人の手当給料等、金融機関の取扱手数料、証券会社の取扱手数料、創立総会に関する費用その他会社設立事務に関する必要な費用、発起人が受ける報酬で定款に記載して創立総会の承認を受けた金額並びに設立登記の登録税等をいう。
開業費	土地、建物等の賃借料、広告宣伝費、通信交通費、事務用消耗品費、支払利子、使用人の給料、保険料、電気・ガス・水道料等で、会社設立後営業開始までに支出した開業準備のための費用をいう。
開発費	新技術又は新経営組織の採用、資源の開発、市場の開拓等のために支出した費用、生産能率の向上又は生産計画の変更等により、設備の大規模な配置替を行った場合等の費用をいう。ただし、経常費の性格を持つものは開発費には含まれない。

支出する費用、②資産を賃借しまたは使用するために支出する権利金、立退料その他の費用、③役務の提供を受けるために支出する権利金その他の費用、④製品等の広告宣伝の用に供する資産を贈与したことにより生ずる費用、⑤①から④までに掲げる費用の他、自己が便益を受けるために支出する費用（資産の取得に要した金額及び前払費用を除く）のうち支出の効果がその支出の日以後１年以上に及ぶものも繰延資産としています。

■ 繰延資産の意義と会計処理方法

繰延資産の意義
すでに代価の支払が完了し又は支払義務が確定し、これに対応する役務の提供を受けたにもかかわらず、その効果が将来にわたって発現するものと期待される費用をいいます。

繰延資産の会計処理方法

①株式交付費
原則として、支出時に費用（営業外費用）として処理する。ただし、企業規模の拡大のために行う資金調達などの財務活動にかかる株式交付費については、繰延資産に計上することができ、この場合には株式交付の時から３年以内のその効果の及ぶ期間にわたって定額法により償却する。

②社債発行費等（新株予約権発行費を含む）
原則として、支出時に費用（営業外費用）として処理する。ただし、繰延資産に計上することができ、この場合には社債の償還までの期間にわたり（原則として）利息法により償却する。新株予約権の発行にかかる費用についても、資金調達などの財務活動にかかるものについては、繰延資産に計上することができ、この場合には３年以内のその効果の及ぶ期間にわたって定額法により償却する。

③創立費
原則として、支出時に費用（営業外費用）として処理する。ただし、繰延資産に計上することができ、この場合には会社の成立の時から５年以内のその効果の及ぶ期間にわたって、定額法により償却する。

④開業費
原則として、支出時に費用（営業外費用）として処理する。ただし、繰延資産に計上することができ、この場合には開業の時から５年以内のその効果の及ぶ期間にわたって、定額法により償却する。

⑤開発費
原則として、支出時に費用（売上原価又は販売費及び一般管理費）として処理する。ただし、繰延資産に計上することができ、この場合には支出の時から５年以内のその効果の及ぶ期間にわたって、定額法その他の合理的な方法により規則的に償却する。

8 「資産の部」はこう読む

ムダな資産がないかチェックしよう

■■ どんな状態がベストなのか

「資産の部」はどのような状態がよいのでしょうか。会社経営に一番大事な資産はやはり現金です。要するに、現金、もしくはすぐに現金化するような流動性の高い資産が多い方がベストな状態といえます。備えあれば憂いなしです。

「資産の部」は、現金と、現金に変わるかもしれない資産と、現金で買った資産のリストです。このように考えると、資産として投資した分のお金はできるだけ有効活用し、少しでも将来の利益につながらなければ、ムダになってしまうということになります。

ムダをチェックするには3つのポイントがあります。まずは在庫を持ちすぎないこと、次に不良債権予備軍のチェック、最後に眠っている資産はできるだけ整理するということです。どのようなことなのか、以下で見ていきましょう。

■■ 在庫は持ちすぎない

まずは、在庫を持ちすぎないということについてです。

仕入担当者の立場からすると、「在庫をできるだけ多く持ちたい」というのが本音のようです。これは、「欠品を防ぐ」「まとめて仕入れることで単価が安く抑えられる」「顧客のニーズに応えられないと困る」などの理由からといえます。

しかし、「在庫は罪子」という言われることがあります。会社経営においては、在庫はできるだけ少ない状態を維持するのがよいとされています。貸借対照表上、在庫は資産です。資産が増えるとなぜいけ

ないのでしょうか。

　貸借対照表は左右がバランスしています。左の資産が増えると右側も増えるということになります。ここで実際の取引を思い浮かべてみましょう。商品を仕入れるときには、当然ながら対価の支払いをします。現金で直接支払わない場合は「掛け」という後払いのシステムということでした。後払い、お金を払う義務、つまり負債です。

　要するに在庫が増えるということは、現金資産が減るか負債が増えるかのいずれかの状態であるということになります。現金が多い状態がベストと前述しました。在庫が増えると、売り上げて現金を回収するまでに時間がかかってしまいます。仕入過多の状況が、資金繰りを圧迫する一番の要因といえるのではないでしょうか。

　年度末が近づくと、在庫を極力減らすように努力するという会社があるようです。これはどのようなことかといいますと、銀行や債権者など対外的な決算書の見栄えを良くするための努力といえます。ところが当期の損益に関係するのは、期間損益計算により、売った分に対応する仕入だけです。年度末のみ在庫を減らすことで、社内的なメリットがあるとはいえません。決算期に限らず、常に在庫のチェックを心がけることで、よりよい効果が得られるといえます。

　また、劣化する商品の場合、時間の経過と共に商品価値は落ちてしまいます。この先売れる見込みがないような不良在庫は、原価割れをしてでもお金に変えた方が会社のためになるかもしれません。

　健全な財政状態を維持するためには、常時しっかりマーケティングを行い、在庫管理を徹底し、ムダな仕入をしないよう心がけることが重要です。これを地道に行うことで、財務内容は改善されていきます。

■■ 不良債権予備軍に注意する

　商取引の慣習において、仕入代金は「掛け」と呼ばれる後払いのシステムが一般的です。いわゆるツケです。支払う側であれば「買掛

金」という流動負債、受け取る側であれば「売掛金」という流動資産になります。まずはこの「売掛金」について説明していきます。

　得意先など取引が頻繁に行われる関係にある場合、一定期間ごとに売掛金を集計して代金を請求します。請求を受けた得意先は、たとえば「月末〆の翌月支払」など、予め取り決められた条件に従って支払うことになります。このとき、支払条件通りに入金されていない売掛金が残っていると、不良債権予備軍として問題となってくるわけです。

　入金の遅れている売掛金は、定期的にチェックをして、相手に督促をする必要があります。しかし得意先との今後の関係を考えて、つい目をつぶってしまいがちになります。このような入金遅延の売掛金を放置していると、回収をあきらめざるを得ないような、深刻な状態に追いやられる場合もあります。

　手形についても同じことがいえます。代金として手形を受け取ったからといって、安心とはいえません。不渡りといって、期日が到来しても相手先の資金不足のために現金化されない場合もあるからです。受け取った手形が現金化されて、初めて入金が完了します。取引先の手形の不渡りや期日延長の申し入れがあった場合、実は危険信号でもあるのです。

　貸借対照表に話を戻します。売掛金や受取手形は、流動資産として表示されます。多くの残高があれば、近いうちに現金化する「良い資産」をたくさん保有しているように見えるかもしれません。しかし、実際は前述のような不良債権予備軍が潜んでいることもあります。まめにチェックをして溜めこまないことが、健全な財政を維持する秘訣だといえます。

■ 眠っている資産を整理する

　「資産の部」を見ると、会社が何にお金を使ったのかがわかります。会社がお金を払って入手した資産が、さらにお金を生み出すためには、

上手に活用する必要があります。大枚を払って手に入れた立派な資産も、今後の利益に繋がらなければ、お金を寝かせているのと同じで意味がないのです。

　資産の一覧を眺めて、ムダな買い物がないかをチェックしてみましょう。とくに固定資産です。たとえばまったく使用されていない不動産も、売却してお金に換えれば運転資金として活用できます。また、賃貸して運用するというのも１つの方法です。株式等の有価証券は、一度評価を見直してみるのもよいかもしれません。

■ 貸借対照表の「資産の部」

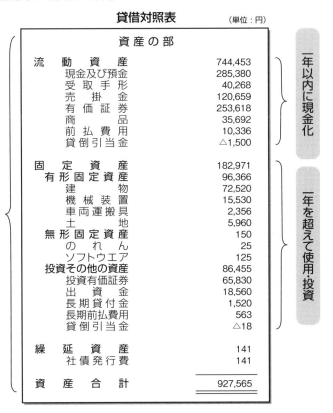

9 「負債の部」を詳しく見てみよう

返済期日によって流動負債と固定負債に区分される

■■ 「負債の部」とは

　貸借対照表の右側を見てみましょう。ここには資金の調達源泉である「負債の部」と「純資産の部」があります。

　「負債の部」は将来支払う債務であり、いずれも会社が他人から調達した資金であるため「他人資本」といいます。そして、「負債の部」は、「資産の部」を流動資産と固定資産に区分したのと同様の基準によって、「流動負債」と「固定負債」に区分します。

■■ 流動負債と固定負債の区別の基準

　流動負債と固定負債を区別する基準には、資産の流動・固定分類と同様、「1年基準」と「正常営業循環基準」があります。正常営業循環基準とは、商品の仕入といった通常の営業循環過程にあるものは、流動負債に分類するという考え方です。この基準により正常営業循環過程にある買掛金や支払手形が流動負債となります。

　これに対して、1年基準とは、貸借対照表日（決算日）から1年以内に返済しなければならない負債を流動負債とし、返済期限までに1年超の余裕がある負債を固定負債とするものです。この基準により短期借入金は流動負債、長期借入金は固定負債となります。

　正常営業循環基準と1年基準の2つの基準が存在しますが、まずは正常営業循環基準に基づいて流動負債となるものを決定します。そしてそれ以外のものについて1年基準で流動・固定の分類をします。

■ 貸借対照表の「負債の部」と「純資産の部」

貸借対照表 (単位：円)

負債の部	
流動負債	304,440
支払手形	9,150
買掛金	75,210
短期借入金	126,000
未払金	26,500
未払法人税等	18,685
預り金	23,465
賞与引当金	25,430
固定負債	240,125
社債	75,000
長期借入金	120,000
退職給付引当金	45,125
負債合計	544,565

純資産の部	
株主資本	323,000
資本金	70,000
資本剰余金	53,000
利益剰余金	200,000
評価・換算差額等	35,000
新株予約権	25,000
純資産合計	383,000
負債・純資産合計	927,565

資金の調達源泉｛他人資本／自己資本｝

10 負債の勘定科目を知っておこう

支払手形、買掛金、前受金などが負債の勘定科目となる

■■ 流動負債の中身は

　流動負債の中身を確認しておきましょう（次ページ図参照）。

　まず支払手形とは、買掛金などの債務の支払いのため自社が振出した手形のうち、まだ決済されていない（手形の支払期日が来ていない）ものの残高です。買掛金とは、原材料や商品を購入することによって生じた仕入先に対する債務のことです。この買掛金は、得意先に対する商品や製品の売上代金である売掛金に対応する債務と考えてみると理解しやすいと思います。

　短期借入金とは、銀行から借り入れた設備資金、運転資金及び個人からの借入金や親会社からの借入金などで、1年以内に返済期限が到来するものです。

　未払金とは、会社の主たる営業取引から生じる債務である買掛金以外の未払額を処理する勘定科目です。つまり、買掛金が、商品や原材料などの仕入先との間の通常の取引に基づく代金の未払額であるのに対して、未払金は、建物、機械装置、車両運搬具などの固定資産の購入代金の未払額や有価証券の購入代金などの未払額です。

　未払法人税等とは、会社に対して課される法人税、住民税及び事業税の未払額です。預り金は、給料から控除した（預った）源泉所得税、住民税、社会保険料等の預り金です。賞与引当金とは、来期になって支払う予定の賞与の当期負担の見積額です。

■■ 固定負債の中身は

　次に固定負債の中身を見ていきましょう（次ページ図参照）。

社債とは、長期に使える資金を外部から調達する手段として発行するものです。長期借入金とは、銀行などの金融機関からの借入金などで、決算日から1年を超えて返済期限が到来するものです。退職給付引当金とは、将来の退職金の支給に備えて、各事業年度において負担すべき金額を見積って費用として計上したものです。

■ 負債の勘定科目

分類	勘定科目	内容
流動負債	支払手形	営業上の買掛債務の支払のため振り出した約束手形や引き受けた為替手形
	買掛金	原材料や商品を購入することによって生じた仕入先に対する債務
	前受金	商品、製品の販売代金の前受けした金額
	短期借入金	銀行から借り入れた設備資金、運転資金・個人からの借入金・取引先、親会社からの借入金などで、決算日から1年以内に返済予定のもの
	未払金	主たる営業取引から生じる債務である買掛金以外の固定資産の購入代金や有価証券の購入代金の未払額
	未払法人税等	法人税、道府県民税、事業税、市町村民税の未払額
	仮受金	原因不明の入金や最終金額が確定していない入金
	預り金	報酬、給与から差引いた源泉所得税や営業上生じた短期の預り保証金
	未払費用	賃金、給料、利息、賃借料などの支払期日到来前の未払額
	前受収益	地代、家賃、利息などの前受金額
	賞与引当金	次期になって支払う予定の賞与の当期負担の見積額
固定負債	長期借入金	貸借対照表の日付から起算して返済期限が1年超の借入金
	退職給付引当金	従業員の退職一時金、退職年金のための引当金
	社債	社債の発行により外部から調達した資金

貸倒引当金(売掛金、貸付金等に対する取立不能見込額)は、売掛金、受取手形、貸付金等の債権に対する評価勘定としての性質を持っているため、資産の部に控除項目(マイナス表示)として記載される

11 引当金の取扱いについて知っておこう

「資産の部」と「負債の部」に計上するものがある

■■ 引当金とは何か

　引当金とは、将来発生するまたは発生するかもしれない費用であり、その費用の発生する原因が当期にあり、その金額を合理的に見積もることができるものです。

　企業会計原則の注解では、この引当金について「将来の特定の費用又は損失であって、その発生が当期以前の事象に起因し、発生の可能性が高く、かつ、その金額を合理的に見積ることができる場合には、当期の負担に属する金額を当期の費用又は損失として引当金に繰入れ…」と規定しています。つまり、現時点では確定していなくても、将来発生する可能性が高く、かつ、その金額を合理的に見積ることができる場合、その支出や損失に備えて貸借対照表に計上しておくものをいいます。引当金には「資産の部」に計上する評価性引当金と、将来の支出に備えるため「負債の部」に計上する負債性引当金があります。

　なお、法人税法では、引当金に計上できるものを限定しています。なぜなら、引当金は見積計上ですので、無制限の引当金計上は、客観性や公平性を欠くことで税負担を不当に減らす結果になるからです。

■■ 評価性引当金（貸倒引当金）と負債性引当金（製品保証引当金）

　評価性引当金の代表は、売掛金の未回収を見積った貸倒引当金です。貸倒引当金は、「資産の部」にマイナス（▲）表示します。

　企業が営業活動をしていく上で売掛金は必ず発生するものです。しかし、売掛金は相手企業が経営危機になったときには回収不能になるリスクがあります。つまり、期末にある売掛金残高が全額必ず回収で

きるとは言い切れません。それは貸付金などの債権も同様です。

そこで、過去の回収実績などに基づいて貸倒れの危険性（貸倒実績率といいます）を合理的に算出し、この貸倒実績率を期末の債権金額に乗じた金額を当期の費用として計上しておくわけです。もちろん、売掛金や貸付金（未収利子を含む）だけでなく受取手形にも同様の危険性があります。したがって、受取手形の期末残高に対しても設定します。このようにして設定された引当金を貸倒引当金と呼びます。

負債性引当金とは将来の支出を意味する引当金です。負債性引当金の例としては、販売した製品のアフターサービスの金額を見積もった製品保証引当金があります。製品の販売から一定期間までに、製品の仕様どおりに動かなくなった場合に、無償で修理または同種製品と交換できる保証が付される場合があります。このようなアフターサービスに関する支出の発生の可能性が高く、その金額を合理的に見積もることができる場合に引当金として計上するのが製品保証引当金です。製品保証引当金は貸借対照表では流動負債に表示します。

その他、流動負債には賞与引当金、固定負債には退職給付引当金などがあります。

■ 貸倒引当金の記載方法

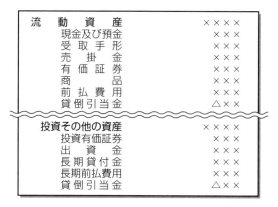

第4章 ◆ 貸借対照表のしくみ 115

12 「純資産の部」を詳しく見てみよう

自己資本比率が高いほど、財政は安定している

■■ 純資産の部とは

　負債は「他人資本」、純資産は「自己資本」とも呼ばれています。他人資本は、他人への返済義務のあるお金ということです。これに対して自己資本は、返済義務のないお金です。

　「純資産の部」は、株主資本と株主資本以外の各項目との大きく2つに区分されます。さらに「株主資本」は、「資本金」「資本剰余金」「利益剰余金」及び「自己株式」に区分されます。また、「株主資本以外の各項目」は、「評価・換算差額等」及び「新株予約権」に区分されます。「自己株式」「評価・換算差額等」及び「新株予約権」は上場企業のような大きな会社でなければあまり使用しない科目になりますので、本書での説明は省略します。

■■ 株主資本の中身は

　「株主資本」は、株主自身の持分を表わしています。投資家の立場からすれば、「純資産」のうちの株主の純然たる持分を表わす「株主資本」と「株主資本以外の各項目」との区別がしやすいのです。

　資本金とは、株主の出資によって調達されたお金、つまり会社の設立や増資による新株発行に対して、株主が払い込んだ金額のうち資本金として組み入れたものです。

　資本剰余金とは株主が払い込んだお金のうち、資本金に組み入れられなかった部分などです。一方、利益剰余金とは、利益の蓄積、つまりこれまでの利益の内部留保としての性格を持つ部分です。狭義には株主資本は、株主が払い込んだ「資本金」「資本剰余金」「利益剰余

金」から構成されているため、自己資本と呼ばれています。

■■ 資本剰余金とは何か

　資本剰余金とは、貸借対照表の「純資産の部」を構成する一要素で、資本準備金とその他資本剰余金の合計額です。

　このうち、資本準備金とは、株式会社が株式を発行し、その払込を受けた金額のうち、資本金に繰り入れなかった額のことをいいます。資本金をいくらにして資本準備金をいくらにするかは会社にまかされていますが、資本準備金にできる金額の上限が会社法で決められていて、払込金額の２分の１を超えない金額までとなっています。

　つまり払込金額の半分以上を資本金に、残りを資本準備金にすることになっています。また、その他資本剰余金とは、資本剰余金のうち、会社法で定める資本準備金以外のもので、資本金及び資本準備金を取り崩した際に発生する資本金及び資本準備金減少差益、取得した自己株式を処分した際に発生する自己株式処分差益などがあります。

■■ 利益剰余金とは何か

　利益剰余金は、利益準備金とその他利益剰余金で構成されます。

　利益準備金とは、資産としての現金や預金ではなく、蓄積すべき利益（内部留保）として規定されている金額のことです。剰余金の配当をする場合には、株式会社は、分配した剰余金の額に10分の１を掛けて得た額を資本準備金又は利益準備金として資本金の額の４分の１に達するまで計上しなければならないことになっています。

　また、その他利益剰余金のうち、任意積立金のように株主総会または取締役会の決議に基づき設定される項目については、その内容を示す項目をもって区分し、それ以外については「繰越利益剰余金」に区分します。平成18年５月の会社法施行時に、従来「未処分利益」と呼ばれていた勘定科目はなくなり、繰越分は繰越利益剰余金になりました。

■「純資産の部」の勘定科目

純資産の部

Ⅰ 株主資本
　1 資本金　　　　　　　会社設立時の出資金や増資払込などのこと
　2 新株式申込証拠金　　新株発行時に払い込まれた金額のうち、資本金としての効力発生前のもののこと。
　3 資本剰余金※1
　　(1)資本準備金　　　　資本取引から生じた株式払込剰余金などのこと
　　(2)その他資本剰余金　資本剰余金のうち資本準備金以外のもののこと。資本金及び資本準備金減少差益、自己株式処分差益などのこと
　　資本剰余金合計
　4 利益剰余金※2
　　(1)利益準備金　　　　企業の利益のうち社内で留保すべきものとして規定されているもの
　　(2)その他利益剰余金
　　　××積立金　　　　　企業の利益のうち一定の目的のために任意に積み立てたもの
　　　繰越利益剰余金　　　利益準備金と積立金以外の社内留保利益のこと
　5 自己株式　　　　　　自社の株式のこと
　　　　　　　　　　　　　自己株式を取得するために払込みを受けた申込期日経過前の申込証拠金の額については、自己株式申込証拠金として記載する
　　株主資本合計　　　　 株主資本の合計額を記載する

Ⅱ 評価・換算差額等
　1 その他有価証券評価差額金※3　有価証券の簿価と時価との差額を損益計算書に計上せず、貸借対照表の純資産の部に直接計上するもの
　2 繰越ヘッジ損益　　　ヘッジ会計により繰り延べられた損益又は評価差額のこと
　3 土地再評価差額金　　土地の再評価に関する法律に規定する再評価差額金のこと
　　評価・換算差額等合計　評価・換算差額についての合計額を記載する

Ⅲ 新株予約権　　　　　　株式会社に対して行使することにより、その会社の株式の交付を受けることができる権利のこと
　純資産合計　　　　　　 純資産の部の合計金額を記載する

※1 資本剰余金とは、株主が払い込んだお金のうち資本金に組み入れられなかった部分。「資本準備金」と「その他資本剰余金」で構成される。
※2 利益の蓄積、つまり利益の内部留保としての性格を持つ部分。会社法に規定する「利益準備金」と、会社が任意に積み立てる各種の積立金や、利益の未処分額である「繰越利益剰余金」を含んだ「その他利益剰余金」で構成される。
※3 「その他有価証券」とは、売買目的有価証券、満期保有目的の債券、子会社株式、関連会社株式に該当しない有価証券のこと(金融商品に関する会計基準第18項参照)

13 「負債の部」「純資産の部」はこう読む

他人資本は少なく自己資本は多い状態がよい

■ どんな状態がベストなのか

「負債の部」と「純資産の部」は、流動負債よりも固定負債、固定負債よりも純資産が多いという状態がベストです。

貸借対照表における資産の部と負債、純資産の部はちょうど裏表の関係です。「資産の部」については、現金化しやすい流動資産が多いほどよいということでした。言い換えると、現金が出ていく要素が少ないほどよい、つまり返済期限の迫っている流動負債はより少なく、また、返済義務のある負債よりも返済義務のない純資産が多い方がよい、という結論につながるわけです。それでは「負債の部」「純資産の部」についてそれぞれ個別に見ていきます。

■ 自力で負債を整理するのは難しい

「負債の部」については、流動負債はできるだけ少なくということでした。では、流動負債を減らすために、できることはあるのでしょうか。

結論からいうと、負債の場合、資産のように会社が自力で「整理する」というようなことは難しいといえます。資産には入手してから時間の経過と共に状態が変わるものもあります。一方、負債のほとんどは現金そのものが裏付けとなっているので、額面自体が自動的に増減することはまずありません。返済予定表の残高や請求書の額が、そのまま「負債の部」に反映されるわけです。

もし資金繰りに余裕がない場合、これを改善できる方法はあります。それは、支払期日を延ばしてもらうという方法です。つまり流動負債

から固定負債へ振り替えていくということになります。お金をうまくやりくりするためには、「入金は早く支払はゆっくりと」というのが鉄則です。ただし、期日を延長するためには、当然相手の同意が必要ですし、悪い風評を流されてしまうリスクもあります。この点は、認識しておいた方がよいかもしれません。

資金繰りに余裕があるのであれば、期日前にまとめて返済してしまえば、借入利息の負担を軽減できる場合があります。また、「負債の部」を整理する方法としては、相殺という方法もあります。これは取引先に対して売掛金と買掛金など、資産と負債両方を保有している場合、精算して差額だけを支払う方法です。たとえばA社に対して売掛金100円と買掛金1,000円ある場合、差額の900円のみA社に支払うということです。当然ながら相手先との合意が必要となりますが、お互いの手間とコストを省略できるメリットがあります。

純資産は稼いで増やす

「純資産の部」については、多い方がベストということでした。自己資本の多い会社は、財政の安定している会社です。

自己資本を増やす方法については、後述する自己資本比率（132ページ）でもとりあげますが、資本金を増額するか利益剰余金を増やすかのどちらかということになります。しかし、いくら資本を追加投入したとしても、本業での経営がうまくいっていなければ、一時的な対応にしかなりません。会社の純利益から配当や役員賞与などの社外流出分を差し引いた金額は、内部留保として利益剰余金に計上されます。本業が順調であれば利益剰余金は年々増え続けますので、自己資本つまり純資産が多い状態になります。

経営体質そのものを改善し、本業で収益力をつける努力することこそが、「純資産の部」を充実させる近道だといえます。

14 勘定式と報告式について知っておこう

貸借対照表には勘定式と報告式の2種類がある

■ 貸借対照表の形式はどうなっているのか

　貸借対照表は会社の財政状態を表示したものです。財政状態とは、会社が資金をどのように調達し、どのように運用しているかを表わすものです。資金の運用状態を表わすのが「資産の部」、調達状態を表わすのが「負債の部（他人資本）」と「純資産の部（自己資本）」で、［資産＝負債＋純資産］という関係が成り立ちます。

　この貸借対照表の形式には、勘定式と報告式という2種類があります。勘定式でも報告式でも内容は同じですが、勘定式の方が一定時点の財政状態を視覚的によりわかりやすく示すのに適しています。

　勘定式はＴ字型の表で、資産は左側（借方）に、負債・純資産は右側（貸方）に記載される形式のものです。報告式とは上から順番に「資産の部」「負債の部」「純資産の部」と並べていくものです。

■ 勘定式と報告式

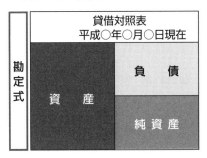

■ 勘定式貸借対照表サンプル

勘定式　貸借対照表（平成31年3月31日現在）　　（単位：円）

資産の部		負債の部	
流 動 資 産	744,453	**流 動 負 債**	304,440
現金及び預金	285,380	支 払 手 形	9,150
受 取 手 形	40,268	買 掛 金	75,210
売 掛 金	120,659	短 期 借 入 金	126,000
有 価 証 券	253,618	未 払 金	26,500
商 品	35,692	未 払 法 人 税 等	18,685
前 払 費 用	10,336	預 り 金	23,465
貸 倒 引 当 金	△1,500	賞 与 引 当 金	25,430
固 定 資 産	182,971	**固 定 負 債**	240,125
有 形 固 定 資 産	96,366	社 債	75,000
建 物	72,520	長 期 借 入 金	120,000
機 械 装 置	15,530	退職給付引当金	45,125
車 両 運 搬 具	2,356		
土 地	5,960	**負 債 合 計**	544,565
無 形 固 定 資 産	150		
の れ ん	25	純資産の部	
ソ フ ト ウ エ ア	125		
投資その他の資産	86,455	**株 主 資 本**	323,000
投 資 有 価 証 券	65,830	資 本 金	70,000
出 資 金	18,560	資 本 剰 余 金	53,000
長 期 貸 付 金	1,520	利 益 剰 余 金	200,000
長 期 前 払 費 用	563	**評価・換算差額等**	35,000
貸 倒 引 当 金	△18	**新 株 予 約 権**	25,000
繰 延 資 産	141	**純 資 産 合 計**	383,000
社 債 発 行 費	141		
資 産 合 計	927,565	**負債・純資産合計**	927,565

■ 報告式貸借対照表サンプル

報告式

貸借対照表（平成31年3月31日現在）　　　（単位：円）

資産の部

流動資産		
現金及び預金	285,380	
受取手形	40,268	
売掛金	120,659	
有価証券	253,618	
商品	35,692	
前払費用	10,336	
貸倒引当金	△1,500	
流動資産合計		744,453
固定資産		
（有形固定資産）		
建物	72,520	
機械装置	15,530	
車両運搬具	2,356	
土地	5,960	
有形固定資産合計		96,366
（無形固定資産）		
のれん	25	
ソフトウエア	125	
無形固定資産合計		150
（投資その他の資産）		
投資有価証券	65,830	
出資金	18,560	
長期貸付金	1,520	
長期前払費用	563	
貸倒引当金	△18	
投資その他の資産合計		86,455
固定資産合計		182,971
繰延資産		
社債発行費	141	
繰延資産合計		141
資産合計		927,565

負債の部

流動負債		
支払手形	9,150	
買掛金	75,210	
短期借入金	126,000	
未払金	26,500	
未払法人税等	18,685	
預り金	23,465	
賞与引当金	25,430	
流動負債合計		304,440
固定負債		
社債	75,000	
長期借入金	120,000	
退職給付引当金	45,125	
固定負債合計		240,125
負債合計		544,565

純資産の部

株主資本	323,000	
資本金	70,000	
資本剰余金	53,000	
利益剰余金	200,000	
評価・換算差額等	35,000	
新株予約権	25,000	
純資産合計		383,000
負債・純資産合計		927,565

Column

取得原価とは何か

　取得原価とは、資産の購入や製造のために要した原価のことをいいます。たとえば、商品の花瓶を海外から１個当たり10,000円で２個仕入れて、輸入諸経費が合計4,000円かかったとします。このうち１個を20,000円で顧客に販売したときの販売利益はいくらになるのでしょうか。

　販売利益は販売価額から取得原価を差し引いて算定します。この例の場合、販売価額は20,000円ですので、取得原価がいくらになるかが問題となります。商品２個の取得原価は購入代価20,000円（10,000円×２個）と輸入諸経費4,000円を合わせた24,000円です。そのうち販売した１個に対応する取得原価は12,000円（24,000円÷２個）と計算されます。したがって、販売利益は販売価額20,000円から取得原価12,000円を差し引いた8,000円ということになります。

　このように取得原価は資産を取得するための購入代価に付随費用を加えた合計金額となります。また、販売された部分に対応する原価だけを算定するという手間が加わります。実は「取得価額」と「取得原価」という言葉を使い分けることもあります。上記の例では商品２個を仕入れた際の「取得価額」は24,000円、販売された１個に対応する「取得原価」は12,000円ということができます。つまり、購入代価に付随費用を加えた「取得価額」のうち販売などに回された部分を「取得原価」と呼ぶようなケースです。

　取得原価は商品を仕入れて販売する場合だけでなく、固定資産を購入して自社で使用する場合などにも存在します。固定資産の取得原価には、たとえば建物を取得するときに支払う立退料や機械を取得するときの据付費なども付随費用として含まれます。

　このように算定された取得原価をもとにして資産の耐用年数にわたり減価償却費を計上していくことになるのです。

第5章
決算書の指標の見方

1 決算書を分析してみる

会社の問題点を把握する

■ なぜ決算書を分析するのか

　財務諸表の様々な項目における数値を基に、比率などを用いて客観的に会社の現状を分析する手法を経営分析といいます。経営分析の目的は、経営分析の結果である比率などから、会社の問題点や強みを見つけだし、現在の経営状態を判断及び将来性を予想することにあります。一見儲かっているように見えても、分析してみると実は倒産寸前であった、などというケースも珍しくありません。リスクを回避するためにも、投資をしようとする会社を多方面から分析することは大変重要です。

　経営分析によって、①会社の安定性、②会社の収益力、③会社の成長力、④会社の資金繰りなどを客観的に知ることができます。

　①の会社の安定性とは、会社が事業活動を継続していく力があるかどうか、つまり倒産の心配がないかどうかということです。②の会社の収益力とは、収益を獲得する力があるかどうかということです。もうけは配当の原資となりますから、投資家にとっては最も関心のある要素だといえます。③の会社の成長力とは、会社の規模を大きくする力があるかどうかということです。会社の規模が大きくなれば、新たな事業を始めることもできますし、より大きな収益を得ることもできます。④の会社の資金繰りとは、支払いや資金調達に滞りがないかどうかということです。資金繰りがうまくいっている会社は、安定しており、将来性もある会社だといえます。

■ 経営分析にも限界がある

　会社を分析する際には、その会社の事業内容も考慮に入れる必要があります。業種により、それぞれ数値にも異なる特徴が表れるからです。他社との比較により経営分析を行う場合、異業種の会社との比較では意味がない場合もありますので、注意が必要です。

　経営分析の手法によって会社のすべてを知ることができるわけではありません。たとえば、社員のやる気、モラル、経営者の人脈などは、決算書からは読み取ることができません。また、会社によっては経理部門が弱い会社もありますので、その会計処理に誤りがあることも十分に考えられます。さらに、決算書は少なくとも数か月前の過去の数字であるため、数字に基づく経営分析も一定の過去の分析であり、会社のタイムリーな情報を知ることはできません。

　この他、たとえば突発的に震災や災害が起きた場合、過去のデータに基づく分析では、同じ規模の災害のデータを加味しなければ参考にできないということもいえます。

■ 経営分析の基準と方法

会社の安定性を測る基準	・自己資本比率＝純資産÷総資産 ・流動性比率＝流動資産÷流動負債
会社の収益力を測る基準	・総資本利益率（ROA）＝当期純利益÷総資本 ・株主資本利益率（ROE）＝当期純利益÷株主資本 ・資本回転率＝売上高÷総資本 ・損益分岐点＝固定費÷（1－変動費率）
会社の成長力を測る基準	・売上高の成長率＝（当年の売上高－前年の売上高）÷前年の売上高 ・数年分の利益を比較して営業利益の伸び率を把握
会社の資金繰りを測る基準	・売上債権回転期間（月数）＝（売掛金＋受取手形）÷（売上高÷12）

$$\text{ROE} = \frac{\text{当期純利益}}{\text{株主資本}} = \frac{\text{当期純利益}}{\text{売上高}} \times \frac{\text{売上高}}{\text{総資本}} \times \frac{\text{総資本}}{\text{株主資本（自己資本）}}$$

　　　　　　　　　　　　　（収益力）　　（回転）　　（レバレッジ）

2 貸借対照表の左右を比較して会社の安定性を判断する

会社の安定性を支払能力から判断する

■■ 流動比率とは

　決算が黒字でも、支払能力のない会社は長続きしません。支払能力のある会社は、財務内容が健全であるため、すぐに倒産してしまう心配はありません。投資を検討する上では、会社の収益力だけではなく、支払能力がどの程度であるかということにも注目する必要があります。この能力を見るためには、流動比率（current ratio）という指標を使います。

　流動比率は、[流動資産÷流動負債]という算式で求められます。流動資産とは1年以内に現金化される資産です。流動負債とは、1年以内に返済しなくてはならない負債です。支払原資である分子の流動資産が、支払義務である分母の流動負債より多い状態が安全な状態です。流動比率は会社の流動性、つまり短期的支払能力を見るための代表的な指標のひとつです。

　「流動比率が高い」ということは、つまり差し迫った返済金額よりも手持ちのお金が多いということになります。たとえば、流動比率が100％ということは、1年以内に支払わなければならない負債と1年以内に現金化できる資産が同額ということです。流動比率が100％を超えているということは、1年以内に支払わなければならない負債より1年以内に現金化できる資産の方が多いということになります。反対に、流動比率が100％を切っている場合は、短期的支払能力に問題がある可能性があります。目安としては、一般的に200％以上あることが理想といわれています。

■ 当座比率とは

　当座比率（quick ratio）とは、「流動負債」に占める「当座資産」の比率です。当座資産とは、現金預金、売掛金、受取手形、売買目的有価証券など、すぐに現金になるものをいいます。流動資産といっても、たとえば棚卸資産などは、商品として販売し、代金を回収して初めて現金化されます。このように、すぐに現金とならない資産も多くあるわけです。流動資産の中でもより現金化しやすい当座資産と流動負債とを対比させることで、流動比率よりさらに直接的な会社の支払能力を見ようという指標です。つまり当座比率とは、流動比率をより厳しくした指標といえます。

■ 固定比率とは

　固定比率（fixed assets to equity ratio）とは、自己資本に対する固定資産の割合です。つまり、長期にわたって使用する固定資産について、返済の必要性のない自己資本でどの程度まかなっているのかを見るための指標です。

　固定資産とは、設備や土地など、すぐには現金化できない資産です。会社は将来の成長のために固定資産を購入します。営業活動で対価に見合った利益を稼ぐことができれば、資金を効率的に活用したということになります。要するに、固定資産の購入のために使われた資金は、長期的な使用により回収されるというわけです。このような資産に使われる資金は、返済を必要としない自己資本からまかなわれるのが理想的です。そうでなければ資金繰りを圧迫することになります。固定比率は100％以内が望ましいと言われています。

■ 固定長期適合率とは

　固定長期適合率（fixed assets to long term debt ratio）とは、固定資産を購入するための資金を自己資本と固定負債でどの程度まかなっ

ているかを示す指標です。固定比率においても述べたように、固定資産の購入は自己資本でまかなうことが理想です。しかし、なかなか困難な場合もあります。そこで自己資本だけではなく、返済期限の長い固定負債も含めた指標で判断しようとするものです。固定長期適合率は、100％以内であれば一応安全と言われています。100％を超えるということは、固定資産の購入に必要な資金を自己資本と固定負債とではまかないきれず、流動負債まで使っていることを意味し、明らかに不健全な状態といえます。

■■売上高運転資本比率

　流動比率（128ページ）は、会社の支払能力を示す指標でした。これをさらに応用させた指標が売上高運転資本比率です。売上高運転資本比率は、流動資産、流動負債、売上高という3つの要素を使った指標で、以下の計算式で算出します。

売上高運転資本比率（％）＝運転資本÷売上高×100

　「運転資本」とは「運転資金」のことで、運転資本＝売上債権等＋棚卸資産（在庫）－仕入債務等で算出されます。つまり運転資本とは、営業循環過程におけるまだ資金化されていない部分の金額であり、自己が立替えるべき金額を表わしています。その立て替えるべき金額が手元にないのであれば、どこかから調達が必要となります。通常運転資本は売上高の増加に比例して増加していきます。この割合が適正か否かを判断するのが売上高運転資本比率であり、この率が急増すると資金繰りに行き詰まり黒字倒産するといった事象も起こり得ます。これは、急成長企業にありがちなパターンです。しかし、この運転資本は債権、在庫の不良化がない限りいずれは資金化されるものであることから、金額が増加すること自体は危険ではありません。

したがって、債権・在庫管理は適正か、売上高の増加に比例しているか（率が急増していないか）、増加する額の資金手当ての見通しが立っているか、などの点を意識して読み取ることに留意しましょう。

■ **流動比率から読む会社の安全性**

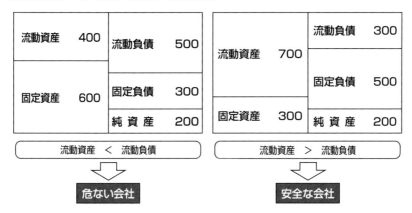

■ **会社の安全性の分析方法**

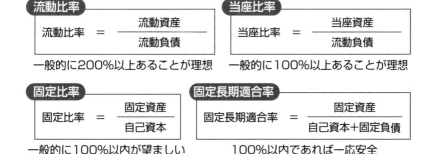

※本章で説明している各種の比率の度合いは、あくまで一般的な目安であって、業種やビジネスモデルなどによっては、たとえば流動比率が100％未満であっても、問題ない場合もあり得る。分析対象会社と同業他社の比率などとも比較すると、より効果的な分析になる。

3 会社の安定性を測る基準にはどんなものがあるのか

安定している会社は長く続く

■■ 自己資本比率とは

　会社が安定して事業活動を継続できるかどうかを見るために、自己資本比率（ratio of net worth）を用いて分析することがあります。自己資本比率とは、返済不要の自己資本が会社全体の資本調達の何％あるかを示す数値です。〔自己資本÷総資本（自己資本＋他人資本）〕という式で算出します。たとえば、会社の調達した資金が100である会社があるとします。そして、自己資本が40であり、借入金などの負債が60であるとします。この場合、自己資本比率は次のようになります。

$$40 \div (60+40) = 0.4\ （自己資本比率40\％）$$

　この会社の自己資本比率は40％です。資金の60％を借入金などの他人資本でまかなっているということになります。

　自己資本は株主が投資した資金であり、返済義務はありません。この割合が高いほど、返済義務のない資金を営業活動に有効に活用していることを表わし、会社は安定している状態だといえます。

　自己資本比率は収益力とも密接です。自己資本比率が低く借入金が多くても、好況時にはそれをテコに高い収益力を生みだします。いわゆるレバレッジ効果です。逆に、不況時には、含み損と利子で収益力がなくなります。そういう意味で、自己資本比率は安定性の基準となります。一般的に、安全な会社の目安は30％といわれています。

■■ 自己資本比率からどんなことがわかるのか

　自己資本比率が高い会社の貸借対照表とはどのようになっているのか、資本構造から読む「会社の安全性」（134ページ）の図を使って見

ていきましょう。A社とB社の貸借対照表の他人資本（負債）と自己資本（純資産）を見比べてみると、A社の自己資本がB社の自己資本の2倍以上あります。つまりA社の方が安全な会社であることがわかるはずです。このように、貸借対照表の資本構造を見ると、他人資本（負債）と自己資本のバランスから、その会社の経営状態の安全性がわかります。

負債が多いと金利負担が重くなり、会社の利益を減少させる原因になります。自己資本比率が低い企業は、借入金に依存した経営を行っているわけですから、会社の資金繰りが厳しいはずです。当然、銀行も返済してもらえるか不安ですから、融資を控えるようになります。自己資本比率の小さい会社は、信用されにくく資金調達が一層難しくなります。

会社の内容を知るには、単なる指標の数値だけではなく、決算書の数値との見比べも必要です。貸借対照表の純資産の部に注目してみていくと、儲けの蓄積である「利益剰余金」が大きければ大きいほど、自己資本比率も高く、安全性の高い会社だといえます。利益剰余金が増加すると、純資産つまり自己資本の額も増加しますので、自己資本比率も高くなるというわけです。このように、「利益剰余金」の大きさからも、会社の優良度が一目でわかるといえます。

■■ 有利子負債比率とは

有利子負債比率とは、会社の有利子負債の額を純資産で割ったパーセンテージをいいます。算式にすると以下のようになります。

有利子負債比率（％）＝有利子負債÷純資産×100

有利子負債とは、社債や借入金など、利息の発生する負債をいいます。純資産とは、貸借対照表の右側部分の「純資産の部」の金額です。言い換えると自己資本にあたる部分です。借入に依存している会社は、この割合が高いといえます。

■ 有利子負債キャッシュ・フロー倍率とは

　本業によって獲得した現金を「営業キャッシュ・フロー」といいます。有利子負債キャッシュ・フロー倍率とは、有利子負債を営業キャッシュ・フローで除して計算します。この数値が小さい方が、より返済能力があるということになります。一般的には10倍を超えると債務過多であるといわれているようです。会社が長く続くかどうかは、資金力にかかっています。いくら利益が出ていても、資金繰りに行き詰ると継続は難しくなります。健全な会社の場合、主力となる事業で資金を稼ぎ出す力を持っているといえます。

■ 会社の安定性を測るその他の指標

　総資産に対する有利子負債の占める割合で表す有利子負債依存度という指標があります。有利子負債比率と共に、会社の安全性を示す指標のひとつです。

■ 資本構造から読む「会社の安全性」

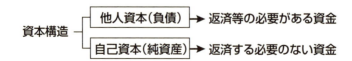

4 会社の収益力を測る基準にはどんなものがあるのか

ROA、ROE、PBRといった指標がある

■■ 総資本利益率とは

　総資本利益率はROA（Return On Asset）とも呼ばれ、総資本つまり総資産に対する利益の割合を示す総合的な指標です。つまり、会社の経営資源であるすべての資産からどれだけの利益を稼得したかを表わしています。この割合が高いほど、会社は資産を有効に活用して利益の稼得に結びつけているといえます。分母の総資本つまり総資産とは、貸借対照表における資産の合計額のことです。分子の利益については、営業利益、経常利益、当期純利益などが使われますが、税引き後の当期純利益を用いるのが一般的であるようです。

　ROAは、借入利息の利率と比較されることがあります。たとえば借入の利率よりROAの方が大きい場合、まだ借入を増やしても取り返す余裕はあるということになります。借入により得た事業資金を投資して、会社の規模をさらに大きくする伸びしろがあるということです。

■■ 株主資本利益率とは

　株主資本利益率はROE（Return On Equity）または自己資本利益率とも呼ばれ、株主資本つまり純資産に対する当期純利益の割合を表わします。この指標は、株主に帰属すると想定される利益率を示しており、この割合が高いほど会社は株主からの資金を効果的に経営に回しているといえます。また、株価の値上りと配当によって株主への見返りがどの程度あるのかが反映されており、投資家が注目する指標といえます。ROA（総資本利益率）とROE（自己資本利益率）の違いは割り算の「分母」の部分が総資産か自己資本か、つまり会社の総力

なのか自力なのかという点です。ROAの場合の総資本では、借金も自己資本もすべて含めた会社の総力で稼ぐ力が明らかになります。

なお、株主資本利益率は、次の算式に展開できます。

ROE＝売上高利益率×総資本回転率×財務レバレッジ
※売上高利益率＝当期純利益÷売上高
※総資本回転率＝売上高÷総資本（総資産）
※財務レバレッジ＝総資本（総資産）÷株主資本

このように、ROEは収益力・回転とレバレッジの３つの特性の指標です。これらの指標は、同業他社の同じ指標と比較することで理解が深まりますので、他社の財務諸表を読み取ることも必要です。

■ 総資本回転率とは

総資本回転率は、総資本つまり負債＋純資産に対する売上高の割合です。１年間の売上によって総資本が何回入れ替わったのかを表わし、この割合が高いほど、少ない資本で効率的に大きな売上を稼得しているとされます。総資本と総資産はイコールであることから、総資本回転率は総資産回転率ということもできます。総資本回転率が低い場合は、会社の資産がだぶついている、あるいは不良資産が眠っている状況を表わしているともいえます。

■ 株価収益率（PER）とは

株価収益率は、PER（Price Earnings Ratio）とも呼ばれ、１株あたり当期純利益の何倍の株価により株が売買されているかを示す指標です。株価を１株あたりの当期純利益で除すことにより算定されます。株価収益率が高いほど、会社の利益に対して株価が割高であると判断することができます。株価収益率は、過去や将来予想の数値、同業他

社の数値と比較することで、その株の現在の割安度をより深く読み取ることができます。

> 株価収益率（PER）＝株価÷１株あたり当期純利益

■ 株価純資産倍率（PBR）とは

　株価純資産倍率は、PBR（Price Book-Value Ratio）とも呼ばれ、１株あたり純資産の何倍の株価により株が売買されているかを示す指標です。株価収益率と同じく株価の割安度を図る指標であり、株価を１株あたり純資産（＝純資産÷発行済株式数）で除すことで算定されます。

> 株価純資産倍率（PBR）＝株価÷１株あたり純資産

　仮に会社が解散する場合、支払義務のある負債を支払った後の純資産は１株ごと均等に株主に分配されることになります。そのため、この指標の分母には１株あたり純資産を使用しているのです。株価純資産倍率が低ければ低いほど、その株価は割安だといえます。
　株価純資産倍率は、以下の算式によっても求めることができます。

> 株価純資産倍率（PBR）＝株価収益率（PER）×株主資本利益率（ROE）

　ここから、株価純資産倍率が低い会社は、株価収益率または株主資本利益率が低い可能性があるといえます。株価純資産倍率を参考にして投資先を決める際は、この点にも留意した方がよいでしょう。

5 売上高との関係で収益力を判断する

売上高に対する売上総利益や営業利益などの割合で判断する

■■ 売上高総利益率とは

　売上高総利益率とは、売上高に対する売上総利益の割合のことです。粗利率ともいいます。算式で表わせば、〔売上高総利益率＝（売上高－売上原価）÷売上高〕となります。売上総利益は、会社の1つひとつの取引で稼ぎ出した利益の総合計のことです。会社にとっては、この売上高総利益率を高めることが重要になります。売上高総利益率が高いということは商品力の強さやブランド力の強さを表わしています。逆に、売上高総利益率が低いということは商品の原価率の高さや商品力の弱さが原因と考えられます。

■■ 売上高営業利益率とは

　売上高営業利益率とは、売上高に対する営業利益の割合のことです。営業利益とは、売上総利益から「販売費及び一般管理費」を差し引いた利益で、会社の本業で稼ぎ出した利益のことです。売上高営業利益率は、会社の経営効率を見るための割合（指標）です。企業が本業でどれだけ効率よく利益を上げたかを見る指標です。企業がいくら売上を上げても、経営効率が悪いと営業利益が小さく、売上高営業利益率は低くなります。この割合が高ければ、企業の販売力の強さとコストを抑えて効率よく経営が行われたことを意味しています。

　この割合が低下していて、かつ売上高総利益率に大きな変動が見られない場合は、「販売費及び一般管理費」の比率が高まっていることになります。この場合は、「販売促進費や広告宣伝費が効果的に使われていない」「ムダな支出が多い」「人員を増やしすぎている」といっ

た、「販売費及び一般管理費」を増加させる要因が生じていると考えられます。

■■売上高経常利益率とは

　売上高経常利益率とは、売上高に対する経常利益の割合のことです。経常利益は、企業の本来の営業活動の他に、営業活動以外の活動の結果も織り込んだ代表的な利益であり、売上高利益率の中でも、最も重要な指標です。経常利益は、営業利益に営業外損益をプラスマイナスして計算されます。そのため、売上高営業利益率までに大きな変動がなく経常利益に異常が見られる場合には、営業外収益と営業外費用の中身を検討する必要があります。営業外損益の主なものとしては、利息などの金融にかかわる損益です。とくに、営業外費用である支払利息は重要で、売上高の数十％という巨額な利息を支払い続けている会社も世の中にはあります。このような場合、無理な設備投資などによる過大な借入金を行っている可能性があるため、健全な経営が行われているのか留意する必要があります。

■■売上高当期純利益率とは

　売上高当期純利益率とは、売上高に対する当期純利益の割合のことです。当期純利益は、経常利益から特別損益をプラスマイナスして算定された税引前当期純利益と、そこからさらに法人税、住民税、事業税及び法人税等調整額を調整した税引後の当期純利益があります。経常利益は会社の経常的な活動により生じた利益である一方で、当期純利益は通常時には発生しない損益を含めた会社のすべての活動の結果が反映された利益です。この指標の数値が大きく変動している一方で、売上高経常利益率に大きな変動が見られない場合は、減損損失など特別損益で大きな損失または利益が生じている可能性があります。この場合、会社の経営の継続に影響はないか検討する必要があります。

6 会社の資金繰りを測る基準にはどんなものがあるのか

売上債権回転期間や経常収支比率を分析する

■ 売上債権回転期間とは

　売上債権回転期間とは、得意先に対する売掛金などの売上債権が、どの程度の期間を経て回収されるかを表します。売上債権回転期間は、売上債権を売上高で除すことで算定されます。この指標の値が小さいほど、商品を販売してから売上債権を回収するまでの期間が短く、資金回収力が高い会社だといえます。売上債権回転期間が長期化していると、取引先の業績悪化等により売上債権の回収が適時に行われていないことを示唆している場合があります。そのため、この指標は、滞留債権の存在を調査するためにも用いられます。

　なお、売上債権回転期間の分子と分母を入れ替えた指標は、売上債権回転率と呼ばれます。売上債権回転期間と同じく、売上債権回転率も売上債権が効率的に回収されているかを示す指標です。

■ 経常収支比率とは

　経常収支比率とは、経常収入と経常支出の比率であり、経常収入を経常支出により除すことで算定されます。経常収入とは、売上高や営業外収益のことであり、経常損益に直接関係する収入のことをいいます。一方で、経常支出は売上原価や販売費及び一般管理費、営業外費用など、経常損益に直接関係する支出のことをいいます。なお、売上高がそのまま売上収入になるのではなく、実際に現金として回収された金額が売上収入となります。このように、会計上計上されている金額そのままが経常収入または経常支出となるのではなく、実際に現金として回収または支出した金額を指します。

経常収支比率が100％を下回っている場合は、経常活動による収入が支出を下回っており、一般的に運転資金をまかなうための資金繰りに問題があるといえます。

■ インタレストカバレッジレシオとは

借金が多い会社は、金利の負担による資金不足も懸念されます。そこで金利の支払能力を判断する指標として、インタレストカバレッジレシオ（ICR）というものがあります。

インタレストとはこの場合「利息」という意味になります。つまり利息を補てん（カバレッジ）する比率（レシオ）ということで、利息の支払いを会社自身の稼ぎで補てんできているかどうかを見るための指標となります。計算式であらわすと以下のようになります。

> ICR＝（営業利益＋受取利息＋受取配当金）÷（支払利息＋社債利息）

「営業利益」に受取利息や配当などの運用収益を加算したものを基準にして、それより支払利息が多いか少ないかで判断します。「経常利益」ではないので注意しましょう。

この指標の読み方としては、数値が「1」未満の場合、借入の利息が収益を上回っているということになり、金利負担がひっ迫しているということになります。なぜなら稼いだ収益を利息の支払いで使い切ってしまっているからです。反対に数値が大きいほど、支払能力があるということになります。

これは、融資のための査定や、社債の格付けなどに利用されます。

■ 会社の資金繰りを測るその他の指標

会社の資金繰りを図る指標としては、前述した流動比率、当座比率、固定比率などもあります。流動比率や当座比率は短期的な支払能力を

示す指標です。流動比率は流動資産を、当座比率は現預金や売上債権といった現金化が容易な資産（当座資産）を流動負債で除すことで算定されます。これらは、短期的に現金化される資産が短期的に支払が発生する負債をどの程度カバーできているかを示しています。

　固定比率は、固定資産を純資産で除して求められる指標です。現金で回収するまでに時間を要する固定資産が返済不要の純資産によりどの程度カバーされているかを図る指標であり、この値が低いほど長期的な資金繰りが安定しているものといえます。

■ 売上債権回転期間

当年度の売上高　　　　　　　… 2000万円
当年度の売掛金・受取手形　　… 1000万円
前年度までの売上債権回転期間　…　3ヵ月

↓

当年度の売上債権回転期間は…
1000万円÷2000万円＝0.5年＝6か月

➡前年度までの売上債権回転期間（3か月）よりも、当年度の売上債権回転期間（6か月）は長期化していることがわかる。
➡売上債権の滞留を示している可能性がある。

第6章

BS・PLの読み方

1 貸借対照表と損益計算書はどう違うのか

損益計算書ではプロセスを、貸借対照表ではその結果を表わしている

■■ 貸借対照表と損益計算書はつながっている

　貸借対照表は財政状態を表わすもの、損益計算書は経営成績を表すものという、それぞれには別々の役割がありました。このように両者は役割の異なる独立した書類ですが、実はつながっており、お互いに影響しあっています。

　つながりのカギとなるのは、「利益」の部分です。

　利益が発生した場合、損益計算書には「当期純利益」としてプラスの金額が表示されます。この当期純利益の金額は、実は貸借対照表にも反映されています。反映される箇所は、「純資産の部」の利益剰余金の部分です。しかし損益計算書に表示されている、当期純利益そのままの数字ではありません。貸借対照表上では、利益剰余金の中の「繰越利益剰余金」に、当期純利益の額が加算されるという形で反映されます。繰越利益剰余金の下部に「うち当期純利益〇〇円」とうち書き表示している会社もあります。

　損益計算書では、一定期間中の収益から費用を差し引くことによって、利益または損失を計算します。この計算方法を損益法といいます。一方貸借対照表では、期末（会計期間の最後）の財産から期首（会計期間の最初）の財産を差し引くと、当期に増えた利益を計算することができます。この計算方法を財産法といいます。同じ会計期間内においては、損益法で計算した当期純利益（損失）と、財産法で計算した当期純利益（損失）の金額は、必ず一致します。そして儲けが増えれば財産が増え、儲けが減れば財産が減るというわけです。仮に両者の金額に不一致があった場合には、貸借対照表または損益計算書のどち

らかに間違いがあるということです。つまり両者は表裏一体の関係になるわけです。

このしくみについて、以下では試算表を使って掘り下げてみましょう。

■■ 増えた利益には資産の裏付けがある

貸借対照表と損益計算書は、試算表という書類から作成されます。試算表は、複式簿記により勘定科目を集計した表です。試算表における勘定科目は資産、負債、純資産、収益、費用の大きく5つに分類されます。資産、負債、純資産に分類された勘定科目は貸借対照表へ、収益、費用に分類された勘定科目は損益計算書へと流れていきます。つまり、もとは1つの集計表からはじまっているのです。

試算表は左側の借方と右側の貸方のそれぞれの合計金額が一致しています。これを貸借対照表と損益計算書に分けてみます。左右がバランスしている試算表を、資産、負債、純資産の貸借対照表グループと、収益、費用の損益計算書グループに分割するとどうなるでしょうか。資産は借方、負債と純資産は貸方です。収益は貸方、費用は借方です。それぞれいびつな数字で構成されているため、分割すると左右の金額は当然バランスが崩れ、一致しなくなります。

たとえば、当期純利益が発生している場合で見ていきましょう。まず収益と費用については、右側の費用の合計金額より左側の収益の合計金額の方が多くなります。右側が出っ張っているイメージです。次に資産、負債、純資産については、左側の資産の合計金額よりも、右側の「負債の部」と「純資産の部」の合計金額の方が少なくなります。左側が出っ張っているイメージです。もとが1つの試算表で左右の合計が同じであるため、それぞれの出っ張った部分の金額は一致します。そしてこの出っ張り部分こそが、まさに今期稼いだ利益の部分ということになります。貸借対照表上では、左側の出っ張り部分に合わせて右側の「純資産の部」に「繰越利益剰余金」を継ぎ足すことにより、

左右がバランスし、期末の貸借対照表が完成します。つまり増えた利益の分だけ、資産が増加しているということがわかります。

■■ 具体例で見てみる

用語ばかりの説明では少し難しいので、具体例で見ていくことにしましょう。お金の流れをイメージしやすくするため、すべて現金取引とします。

1,000円の資本で商売を始めたとします。このときの貸借対照表はどうなるでしょうか。この場合、「資産の部」に「現金」1,000円、「純資産の部」に「資本金」1,000円と表示されます。

1,000円で商品を1個仕入れ、1,200円で販売します。現金取引の設定であるので、売り上げて即現金を受け取ったとします。ここで「売上」と「仕入」という収益と費用が発生し、損益計算書を作ることができます。

このときの損益計算書には、「売上」1,200円と「仕入」1,000円が表示されます。そして差額の200円が利益として表示されます。これは売上総利益ですが、他に販管費、営業外損益などが発生していないため、この場合経常利益、当期純利益も同じ200円です（ここでは便宜上法人税等については省略します）。

この時の貸借対照表はどうなるでしょうか。まず「資産の部」は、売り上げた1,200円分の現金があるので、「現金」1,200円です。開業当初、「純資産の部」は資本金1,000円でした。これは増資も減資も行っていないので、そのままです。そして「純資産の部」には「繰越利益剰余金」として、利益分の200円が新たに表示されることになります。よって「純資産の部」の合計金額は1,200円となります。

2個目の商品が売れた場合はどうなるのでしょうか。

まず、損益計算書は売上2,400円と仕入2,000円、差し引きして当期純利益は400円です。

次に、貸借対照表です。現金は1,200円から1,000円を仕入時に支払い、さらに1,200円を売り上げた代金として受け取っています。よって差し引き1,400円です。「純資産の部」の資本金は、とくに増減を伴う取引を行っていないため、そのまま1,000円です。さらに繰越利益剰余金は、損益計算書上の利益と同じ400円となります。

　このように、損益計算書では勘定科目の金額は、累積していくことがわかります。

　一方、貸借対照表上の勘定科目の金額は、増えたり減ったりしてその時の状態を表わしていることがわかります。

　では、1,200円の商品が10個売れた場合はどうなるでしょうか。

　損益計算書は簡単です。それぞれ10個分の金額が表示されるため、売上12,000円、仕入10,000円、利益2,000円です。

　貸借対照表は、まず右側から見ていきます。「純資産の部」の「資本金」1,000円というのはやはり同じです。繰越利益剰余金は、利益と同じ2,000円です。最後に左側の「資産の部」ですが、1,000－1,000＋1,200－1,000＋1,200…と計算していくと、3,000円となり、右側の「純資産の部」と同じ金額となります。開業時と比較すると、現金は2,000円増えています。つまり蓄えた剰余金の分だけ現金も増えているということがわかります。

■■ 変化はどう影響するのか

　損益計算書と貸借対照表がつながっているということでした。両者はお互いに影響し合っていますので、損益計算書の内容がよくなると、当然ながら貸借対照表の内容もよくなります。

　損益計算書がよい状態とは、どのような状態なのかというと、経常利益、当期純利益が共にプラスとなる状態です。せっかく売上が増加しても、最終的に赤字なってしまえば経営努力も意味がありません。獲得した利益が多ければ多いほど、よい経営状態だといえます。

利益が増えると、連動して繰越利益剰余金も増えます。つまり「純資産の部」が増加していますので、自己資本比率も高くなります。このように貸借対照表の内容にもよい影響を与えていることがわかります。

要するに、損益計算書の役割には、稼ぎ出した利益を貸借対照表に送り込む、ポンプの働きがあるといえます。企業は営業活動を通して、最初に投入した資本を増やすことを目標にしています。企業努力により、獲得した利益をどんどん貸借対照表に送り込み、会社の財務体質を強く健康にするというのが、損益計算書の役割です。

ところで、利益剰余金の増加には裏付けがあるということを前述しました。本業の業績が良いと、現預金や手形、売掛金などの営業債権も増えることになります。つまり流動資産が増加し、手元資金も充実します。このように事業そのものの努力により自己資本が潤うと、実際の手元資金も潤う傾向にあります。

■■ 違いはどのような点にあるのか

貸借対照表は、一定時点の状態を示すもの、一方損益計算書は一定期間の状態を示すものです。

まず貸借対照表ですが、なぜ一定時点の状態なのかといいますと、それは「残高」を表わすものだからです。預貯金の残高、売掛金の残高、借入の残高、開業時に集めた資本金の残高が現在いくらになっているのか、ということを示すものが貸借対照表です。残高を知るためには、時間を止めて一定時点の状況を知る必要があります。

次に損益計算書ですが、経営成績、つまりお金をどのように使っていくら稼いだのかを表わすものです。稼いだ分量を知るためには、比較対象が必要です。今年は1年、次は2年など、異なる期間ごとに区切ってはまったく参考になりません。経営者や利害関係者にとって「使える」書類にするために、便宜上会計期間を設けて、決められた一定期間を区切る必要があるというわけです。

では貸借対照表と損益計算書、会社の内容を知るためには、それぞれをどのように見ていけばよいのでしょうか。

　まず、貸借対照表について見ていきます。貸借対照表は、一見比較対象がはっきりしません。「どのようなポイントを見たらよいのだろうか」と戸惑う人もいると思います。これは貸借対照表が、単なる残高の羅列だからです。しかし、じっくり分析していくと、いろいろわかることもあります。

　たとえば自己資金で大型の機械を購入したとします。当期の預金残高が、前期から大きく減少しており、加えて固定資産の額が増えているはずです。また、資産状況に変化がなくても、負債が増えており、自己資本が減っていたとすると、財務内容が悪化しているということになります。少し経営方法を見直す必要があるかもしれません。

　要するに、前期の貸借対照表と比較することで、資産がどのように増減したのか、負債がどのように増減したのか、自己資本が増えたのか減ったのかなど、資金の使い途と調達方法の傾向がわかるようになります。

　次に損益計算書ですが、こちらは貸借対照表と比べて、感覚的に把握しやすいのではないでしょうか。貸借対照表はある時点の状態のみを示しているので、残高が増えたり減ったりと各勘定科目の金額に動きがあります。そのため比較分析には、多少の推理力が必要です。これに対して損益計算書では、区切られた一定期間までの間、各勘定科目の金額は累積していきます。前期と当期を比較してみると、売上が伸びたのか落ちたのか、経費が増えたのか減ったのか、粗利益、経常利益は増えたのか減ったのかなどがわかります。具体例で見ていきましょう。

　たとえば、2つの会社があり、両社とも会計期間の最初に100の財産を持っていて、会計期間の最後に財産が120になったとします。両社とも20の利益が出たということになります。

利益の額は同じですが、この2つの会社が1年間まったく同じ営業活動をしてきたとは考えられません。最初の財産がどちらも100だったとしても、一方の会社は、1年間でそのうちの50の財産を使って70の財産を獲得した結果、財産が20増えて120になったのかもしれません。もう一方の会社は、80の財産を使って100の財産を獲得した結果、財産が20増えて120になったのかもしれません。

　あるいは、一方の会社では、20の利益は商品の販売によって獲得したのに対し、もう一方の会社は、商品の販売では30の損を出してしまったものの、所有していた株式の配当金収入が50あったため、差し引きで20の利益を獲得したのかもしれません。

　「20の財産が増えた」という結果が同じでも、そこに至るプロセスは千差万別です。貸借対照表だけだと、この途中のプロセスがまったくわかりません。そこで、財産増減のプロセスを表わすものが必要となります。これが損益計算書の役割なのです。

　つまり貸借対照表と損益計算書では、「見せ方」が違うといえます。

■ 具体例で見る貸借対照表と損益計算書

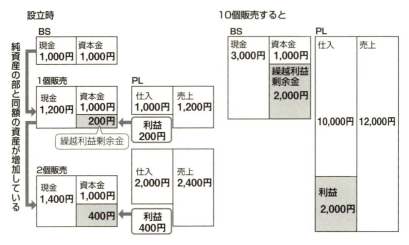

貸借対照表は結果を、損益計算書は過程を見せています。このように決算書は、貸借対照表と損益計算書という2つの表を使って、最大の関心事である利益（＝財産の増減）を、「プロセス（＝損益計算書）」と「その結果（＝貸借対照表）」という2つの側面からとらえているわけです。

■ **貸借対照表と損益計算書の関係**

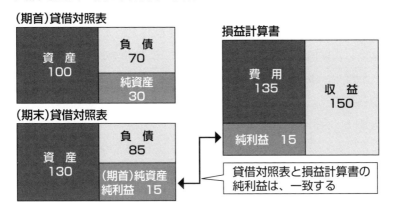

■ **損益計算書の中身**

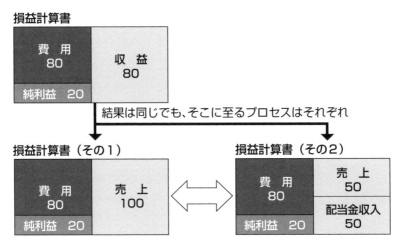

2 費用や売上はいつ計上するのか

「費用」は発生主義、「収益」は実現主義により計上する

■■ 費用の認識は発生主義による

　企業会計原則の中で収益と費用の計上する時期を次のように規定し、明らかにしています。

　「すべての費用及び収益はその支出及び収入に基づいて計上し、その発生した期間に正しく割り当てられるように処理しなければならない。ただし、未実現収益は、原則として、当期の損益計算に計上してはならない」

　つまり、会計期間に発生した費用をその会計期間の費用として計上しなさいということです。この「発生」とは現金の支払いがあったかどうかにかかわらず、その支払いの対象となるモノの受渡しやサービス（役務）の提供を受けたことを意味します。このような費用の計上基準を発生主義といいます。

　費用は現金の支払いの時期とモノの受渡しやサービスの提供を受ける時期とにズレが生じることがあります。たとえば、3月決算の会社が事務所を賃借していたとします。2月までの家賃が毎月現金で支払いましたが、3月分の家賃は3月末までに支払っていなかったとします。この場合、損益計算書に計上される支払家賃は11か月分の家賃だけでよいのでしょうか。このように、現金を支払った時期を基準とする考え方は現金主義による計上基準です。

　発生主義に基づいた場合には、たとえ3月分の家賃は現金で支払っていなくても、賃借している（役務の提供を受けている）わけですから決算の時には、3月分の家賃も計上しなければなりません。

■■ 収益の認識は実現主義による

　一方、収益は、原則として「未実現収益」を当期の損益計算に計上してはならないと規定しています。もし売上高などの収益を「発生主義」に基づいて計上した場合には、商品を販売する前に売上が計上されることがあります。これでは客観性のない金額で資金的裏付けのない売上が計上されることになりかねません。企業が裏付けのない収益を元に決算書を作成すれば、実際よりも高い利益を上げているかのように業績を偽ることになります。いわゆる粉飾決算です。そのため、収益の計上は、費用の計上基準である発生主義よりも厳しく定められていて、収益が実現した時点つまり、実際に商品や製品を販売した時点をもって計上するものとされています。このような収益の計上基準を実現主義といいます。

　これにより未実現収益の計上がなされないことになります。収益の計上時期となる「販売」がいつの時点で行われたことになるのか、ということについては納品基準や検収基準などいくつかの基準があり、現金主義とは異なり、現金での支払いを受けたときだけとは限りません。しかし、いずれにしても収益の計上は、費用の計上よりも慎重に行うことが求められているということがいえるでしょう。

■■ 費用収益対応の原則とは

　正しい期間損益を計算するためには、収益と費用を期間的に対応させて一会計期間の利益を計算することが要求されます。これを費用収益対応の原則といっています。つまり、当期に実現した収益に対して、それを得るために要した発生費用を対応させて損益計算をするのです。この費用と収益の対応形態には、次の2つのものがあります。1つは「個別対応」です。つまり収益を獲得するために要した費用を、その獲得した収益に完全に対応させる方法です。具体的には売上高とそれに対応する売上原価がこれにあたります。もう1つは「期間対応」で

す。売上原価については、収益と費用を対応させやすいため、「個別対応」が可能ですが、すべての費用について「個別対応」することは困難です。「個別対応」のように売上高のような特定の収益に費用を対応させるのではなく、一会計期間に計上した収益に対し、同一会計期間に発生した費用を対応させる方法が「期間対応」です。減価償却費の計上などがこの対応形態です。

■ 発生主義と実現主義

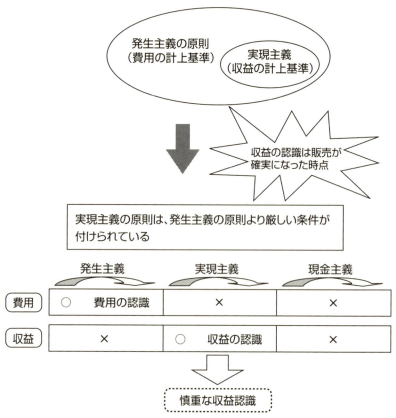

3 費用と収益の対応関係を知っておこう

対応には「個別対応」と「期間対応」の2種類がある

■ 個別対応とは

　企業活動において、収益をあげるためにかかった費用と収益の対応関係には、「個別対応」と「期間対応」の2つの形態があります。

　個別対応とは、売上と売上原価の対応のように収益と費用が直接的かつ個別的に対応する場合をいいます。会計上は、当期に仕入れたすべての商品の仕入原価が「売上原価」になるのではなく、あくまでも当期に仕入れた商品の仕入原価のうち、当期に販売された商品に対応する部分に限って当期の「売上原価」になります。

　このため、「売上原価」を求める計算式は、期首商品棚卸高＋当期商品仕入高－期末商品棚卸高となります。この計算式からも販売された商品に対応する商品の仕入原価が「売上原価」となることが理解できるかと思います。

　具体例をあげて考えてみましょう。なお、この例では、期首における商品在庫（棚卸高）はなかったものとして計算します。

　ある会社で、単価100円の商品を200個仕入れ、その事業年度において売価120円で150個売ったとします。この場合、売上高は、120円×150個＝18,000円となります。売上原価は、販売された商品150個の仕入原価となりますので、100円×200個＝20,000円ではなく、100円×150個＝15,000円となります。

　このように収益（売上高）と費用（売上原価）の関係が直接的かつ個別的対応関係になっていることを個別対応と呼んでいます。

■■ 期間対応とは

　個別対応のようにすべての収益と費用が直接的かつ個別的に明瞭に対応しているかというと必ずしもそうではありません。減価償却費などの「販売費及び一般管理費」は、当然、当期の売上高に貢献していることは確かなことですが、「売上高」と「売上原価」のようにその対応関係ははっきりしていません。そこで「販売費及び一般管理費」は期間を基準とした対応関係によって計算することとしています。120円×150個＝18,000円の売上高に直接的かつ個別的には対応しませんが、売上高を計上した期間に計上された費用は、収益（売上高）獲得に貢献しているといえます。このような費用と収益の対応関係を期間対応と呼んでいます。

■ 個別対応と期間対応

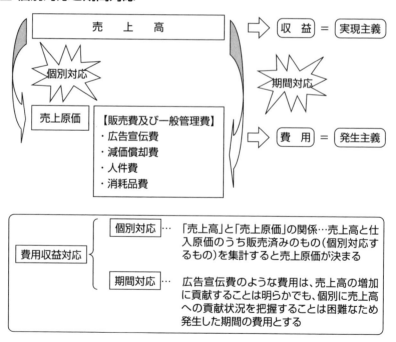

4 損益計算書の数字を読むときのコツをつかもう

「数字をまるめて読む」ことで簡素化する

■ なぜ、数字をまるめるのか

　損益計算書から、その会社の売上高や、本業で稼いだ営業利益、本業を含めた継続的な業務から稼いだ経常利益、そして、経常利益に特別損益を加減し、税金を差し引いて求めた、最終的な会社の利益である当期純利益を読むことができるわけですが、この場合、損益計算書に記載されている金額の単位は、通常、円単位ですので、初めて損益計算書を見る人にとっては、数字を読むだけでも大変なことです。

　また、たとえば、売上原価の数字にしても、損益計算上では、期首商品棚卸高に当期商品仕入高を加えて、そこから期末商品棚卸高を差し引いて求めていますので、数字がごちゃごちゃして、自分に損益計算書が読めるのだろうかと不安な気持ちになってしまいます。

　「販売費及び一般管理費」にしても、科目がズラズラ多く並んでいて、何だか最初から損益計算書を読むのが面倒になってしまいそうです。これでは、せっかく損益計算書を読もうとしている人の意欲をなくさせてしまうようなものです。

　そこで、気楽に損益計算書を読む心構えとして、まず、数字については、千円単位でも、百万円単位でも、十億円単位でもかまいませんので、端数を大胆に切り捨てて読むことが、決算書を嫌にならずに読むコツです。このように端数を切り捨てたり、四捨五入したりして、数字を省略することを、「数字をまるめる」といっています。まずは、その会社の大まかな数字を捉えることが、一番大切です。

　159ページの図のように省略して読むことがポイントです。

■ 会社の大まかな数字を捉える

損益計算書
（自平成30年4月1日　至平成31年3月31日）　　（単位：円）

Ⅰ	売上高			645,231,652
Ⅱ	売上原価			
	期首商品棚卸高		53,829,659	
	当期商品仕入高		452,336,585	
	計		506,166,244	
	期末商品棚卸高		47,658,532	
	差引			458,507,712
	売上総利益			186,723,940
Ⅲ	販売費及び一般管理費			
	役員報酬		25,200,000	
	従業員給料		75,586,252	
	法定福利費		8,521,562	
	運賃		12,357,258	
	広告宣伝費		4,523,568	
	交際接待費		2,002,562	
	旅費交通費		7,758,256	
	消耗品費		2,153,263	
	地代家賃		23,568,569	
	水道光熱費		5,236,852	
	雑費		1,500,231	168,408,373
	営業利益			18,315,567
Ⅳ	営業外収益			
	受取利息		253,652	
	雑収入		1,523,562	1,777,214
Ⅴ	営業外費用			
	支払利息		1,352,632	1,352,632
	経常利益			18,740,149
Ⅵ	特別利益			
	固定資産売却益		1,356,213	1,356,213
Ⅶ	特別損失			
	固定資産除却損		852,362	
	災害損失		563,231	1,415,593
	税引前当期純利益			18,680,769
	法人税、住民税及び事業税			8,406,346
	当期純利益			10,274,423

> 数字を百万円単位にまるめたり、販売費及び一般管理費の数字を1本にすることで、その会社の全体を把握しやすくなる

損益計算書
（自平成30年4月1日　至平成31年3月31日）　　　（単位：百万円）

Ⅰ	売上高	645
Ⅱ	売上原価	458
	売上総利益	186
Ⅲ	販売費及び一般管理費	168
	営業利益	18
Ⅳ	営業外収益	1
Ⅴ	営業外費用	1
	経常利益	18
Ⅵ	特別利益	1
Ⅶ	特別損失	1
	税引前当期純利益	18
	法人税、住民税及び事業税	8
	当期純利益	10

第6章 ◆ BS・PL の読み方

■■ 決算公告はどのように行うのか

　会社は、定時株主総会で計算書類を提出し、承認された後は、できるだけ早く決算公告を行わなければなりません。公告内容は、貸借対照表又はその要旨ですが、大会社（資本金が5億円以上、もしくは負債額が200億円以上という要件を満たす株式会社のこと）については、損益計算書またはその要旨も必要です。決算公告は、官報または日刊新聞紙に掲載する他、ホームページで公開する方法もあります。以下の決算公告例も千円単位で数字をまるめた形で表示しています。

■ 決算公告例

第■期決算公告

平成　年　月　日

貸借対照表の要旨
（平成　年　月　日現在）
（単位：千円）

資産の部		負債の部	
流動資産	■■■	**流動負債**	■■■
現金及び預金	11,476,314	短期借入金	1,600,000
短期貸付金	2,551,327	1年以内返済長期借入金	475,015
未収入金	388,622	預り金	241,831
その他の流動資産	273,476	前受金	133,676
固定資産	■■■	未払金	69,638
有形固定資産	■■■	その他の流動負債	126,009
建物及び構築物	4,875,803	**固定負債**	
機械装置及び運搬具	558,515	長期借入金	5,803,352
土地	9,157,157	預り保証金	4,881,101
建設仮勘定	743,670	退職給付引当金	185,171
その他の有形固定資産	123,734	**負債合計**	■■■
無形固定資産	■■■	**純資産の部**	
投資その他の資産	■■■	**株主資本**	
投資有価証券	1,712,642	資本金	480,000
関係会社株式	1,335,041	資本剰余金	24,000
保険積立金	352,142	利益剰余金	22,940,896
長期前発負担金	71,207	自己株式	△3,168,356
その他の投資	265,676	評価・換算差額等	■■■
貸倒引当金	△7,300	**純資産合計**	■■■
資産合計	■■■	**負債及び純資産合計**	■■■

（注1）有形固定資産の減価償却累計額　■■■千円
（注2）1株当り当期純利益　■■円　■■銭

損益計算書の要旨
自　平成　年　月　日
至　平成　年　月　日
（単位：千円）

科　目	金　額
売上高	
不動産事業収益	3,773,419
その他売上高	97,218
売上原価	
不動産事業原価	986,595
その他売上原価	9,522
売上総利益	
販売費・一般管理費	770,867
営業利益	
営業外収益	554,231
営業外費用	144,883
経常利益	
特別利益	87,727
特別損失	553,551
税引前当期純利益	■■■
法人税・住民税及び事業税	260,615
法人税等調整額	395,917
当期純利益	■■■

5 損益計算書の数値を比較してみよう

最大のコツは、いろいろな数値と「比較」して読むこと

■■ 数値を比較する

　損益計算書により、会社の経営成績がわかりますが、今年度の成績が上がったのか、下がったのかの判断はできません。あたりまえですが、比較する数値があって、初めて判断できます。

　次ページに見開きで、ある会社の前期と当期の損益計算書を並べてみました。それぞれの損益計算書の数値を実際に比べて、成績が上昇したのが、下降したのかを見ていきましょう。

■■ 売上高と当期純利益の比較

　まず、何といっても売上が伸びたのかどうか比較してみましょう。売上は、会社の儲けの源ですから、売上が伸びていない会社は利害関係者にとっては、魅力的な会社とはいえません。

　次に、最終的な会社の利益である当期純利益はどうだったのか気になるところです。いくら売上が伸びていても、最終的な利益が赤字では話になりません。165ページの図を見てください。

　売上高は伸びていますから、「増収」です。ところが、最終的な当期純利益は減ってしまいました。「減益」です。つまり、この会社の当期の業績は「増収減益」ということです。

　以下で、なぜ売上高が伸びて「増収」にもかかわらず「減益」になったのか、次の段階の比較をしてみましょう。

■■ 営業利益、経常利益と臨時的な損益の比較

　この例で、前期と当期の損益計算書を比べると営業利益が「減益」

■ 損益計算書前期と当期の比較

前期

損益計算書
自平成29年4月1日 至平成30年3月31日 （単位：円）

Ⅰ	売上高		592,638,596
Ⅱ	売上原価		
	期首商品棚卸高	43,757,011	
	当期商品仕入高	423,521,653	
	計	467,278,664	
	期末商品棚卸高	53,829,659	
	差引		413,449,005
	売上総利益		179,189,591
Ⅲ	販売費及び一般管理費		
	役員報酬	24,600,000	
	従業員給料	69,986,542	
	法定福利費	8,500,607	
	運賃	11,356,849	
	広告宣伝費	4,056,985	
	交際接待費	1,900,565	
	旅費交通費	7,500,652	
	消耗品費	1,800,652	
	地代家賃	20,568,963	
	水道光熱費	4,136,526	
	雑費	1,400,526	155,808,867
	営業利益		23,380,724
Ⅳ	営業外収益		
	受取利息	253,652	
	雑収入	756,896	1,010,548
Ⅴ	営業外費用		
	支払利息	785,963	785,963
	経常利益		23,605,309
Ⅵ	特別利益		
	固定資産売却益	1,556,326	1,556,326
Ⅶ	特別損失		
	固定資産除却損	852,362	
	災害損失	0	852,362
	税引前当期純利益		24,309,273
	法人税、住民税及び事業税		10,939,173
	当期純利益		13,370,100

当　期

損益計算書
自平成30年4月1日　至平成31年3月31日　　　（単位：円）

Ⅰ	売上高		645,231,652
Ⅱ	売上原価		
	期首商品棚卸高	53,829,659	
	当期商品仕入高	452,336,585	
	計	506,166,244	
	期末商品棚卸高	47,658,532	
	差引		458,507,712
	売上総利益		186,723,940
Ⅲ	販売費及び一般管理費		
	役員報酬	25,200,000	
	従業員給料	75,586,252	
	法定福利費	8,521,562	
	運賃	12,357,258	
	広告宣伝費	4,523,568	
	交際接待費	2,002,562	
	旅費交通費	7,758,256	
	消耗品費	2,153,263	
	地代家賃	23,568,569	
	水道光熱費	5,236,852	
	雑費	1,500,231	168,408,373
	営業利益		18,315,567
Ⅳ	営業外収益		
	受取利息	253,652	
	雑収入	1,523,562	1,777,214
Ⅴ	営業外費用		
	支払利息	1,352,632	1,352,632
	経常利益		18,740,149
Ⅵ	特別利益		
	固定資産売却益	1,356,213	1,356,213
Ⅶ	特別損失		
	固定資産除却損	852,362	
	災害損失	563,231	1,415,593
	税引前当期純利益		18,680,769
	法人税、住民税及び事業税		8,406,346
	当期純利益		10,274,423

になっています。経常利益も「減益」です。経常利益は、営業利益に営業外収益と営業外費用をプラスマイナスして求めますが、前期と当期で、営業外損益の金額に大きな違いはありません。臨時的な損益である特別利益も特別損失も、当期には災害損失がありますが、50万円程度ですので、前期と当期で、特別損益の金額に大きな違いはありません。

一方、売上総利益は「増益」ですから、段階損益の中でも、営業利益の「減益」が著しいことがわかります。

少し具体的にどのような費用に変化があったのか考えてみましょう。

まず、もっとも増加した費用は「従業員給料」（5600千円の増加）です。このことから、当期中に人員を増強したか、または、大幅な昇給を行ったのではないかといった予測ができます。

次に増加した費用は、「地代家賃」（3000千円の増加）です。地代家賃については、通常、大幅な変化が見られる経費ではありません。変化があるとすれば、テナントの契約更新を行い、家賃が上昇したケース、新たに事務所などを開設したケースなどがあります。

3番目に増加している費用は「水道光熱費」（1100千円の増加）です。これは、地代家賃の増加とセットにして考えると、新たに事務所などを借りたために、そこで、新たに水道光熱費がかかるようになったのではないかといった予想をすることもできます。

このように数値を比較することにより、いろいろなことがわかってきます。数値の比較には、自社の過去の数値との比較の他、同業他社の数値との比較や目標数値（予算等）との比較等があります。

■ 売上高と当期純利益を比較してみる

前 期

損益計算書
（自平成29年4月1日　至平成30年3月31日）　　（単位：円）

Ⅰ	売上高		592,638,596
Ⅱ	売上原価		
	期首商品棚卸高	43,757,011	
	当期商品仕入高	423,521,653	
	計	467,278,664	
	期末商品棚卸高	53,829,659	
	差引		413,449,005
	売上総利益		179,189,591

Ⅵ	特別利益		
	固定資産売却益	1,556,326	1,556,326
Ⅶ	特別損失		
	固定資産除却損	852,362	
	災害損失	0	852,362
	税引前当期純利益		24,309,273
	法人税、住民税及び事業税		10,939,173
	当期純利益		13,370,100

当 期

損益計算書
（自平成30年4月1日　至平成31年3月31日）　　（単位：円）

Ⅰ	売上高		645,231,652
Ⅱ	売上原価		
	期首商品棚卸高	53,829,659	
	当期商品仕入高	452,336,585	
	計	506,166,244	
	期末商品棚卸高	47,658,532	
	差引		458,507,712
	売上総利益		186,723,940

Ⅵ	特別利益		
	固定資産売却益	1,356,213	1,356,213
Ⅶ	特別損失		
	固定資産除却損	852,362	
	災害損失	563,231	1,415,593
	税引前当期純利益		18,680,769
	法人税、住民税及び事業税		8,406,346
	当期純利益		10,274,423

➡ 増収

➡ 減益

■ 営業利益・経常利益・特別損益を比較してみる

前期

損益計算書
（自平成29年4月1日　至平成30年3月31日）　　　（単位：円）

Ⅰ	売上高			592,638,596
Ⅱ	売上原価			
	期首商品棚卸高		43,757,011	
	当期商品仕入高		423,521,653	
	計		467,278,664	
	期末商品棚卸高		53,829,659	
	差引			413,449,005
	売上総利益			179,189,591
Ⅲ	販売費及び一般管理費			
	雑費		1,400,526	155,808,867
	営業利益			23,380,724
Ⅳ	営業外収益			
	受取利息		253,652	
	雑収入		756,896	1,010,548
Ⅴ	営業外費用			
	支払利息		785,963	785,963
	経常利益			23,605,309
Ⅵ	特別利益			
	固定資産売却益		1,556,326	1,556,326
Ⅶ	特別損失			
	固定資産除却損		852,362	
	災害損失		0	852,362
	税引前当期純利益			24,309,273
	法人税、住民税及び事業税			10,939,173
	当期純利益			13,370,100

当期

損益計算書
（自平成30年4月1日　至平成31年3月31日）　　　（単位：円）

Ⅰ	売上高			645,231,652
Ⅱ	売上原価			
	期首商品棚卸高		53,829,659	
	当期商品仕入高		452,336,585	
	計		506,166,244	
	期末商品棚卸高		47,658,532	
	差引			458,507,712
	売上総利益			186,723,940
Ⅲ	販売費及び一般管理費			
	雑費		1,500,231	168,408,373
	営業利益			18,315,567 ← 減益
Ⅳ	営業外収益			
	受取利息		253,652	
	雑収入		1,523,562	1,777,214
Ⅴ	営業外費用			
	支払利息		1,352,632	1,352,632
	経常利益			18,740,149 ← 減益
Ⅵ	特別利益			
	固定資産売却益		1,356,213	1,356,213
Ⅶ	特別損失			
	固定資産除却損		852,362	
	災害損失		563,231	1,415,593
	税引前当期純利益			18,680,769
	法人税、住民税及び事業税			8,406,346
	当期純利益			10,274,423

特別利益や特別損失の金額には、大きな変動はない。

6 「利益」と「資金」の違いをおさえよう

キャッシュ・フローは現預金を入出金した時点で認識する

■■ 利益と資金の違い

　たとえば、現金商売をしていれば売上高＝現金収入（資金）ですから違いはありません。しかし、一般の企業ではすべての取引が「現金取引」であるはずがありません。大部分は信用取引です。つまり掛売りです。「掛売り」ですと、商品を販売しても「売掛金」という売上債権が計上されるだけで現金収入はありません。現金で回収されるのは早くても月末です。また、この売掛金を手形で受け取った場合には、現金で回収できるのは２～３か月後など先になってしまいます。このように信用取引においては、売上の計上時期と現金の入金時期に時間的なズレが生じます。このことは、商品の仕入でも同じです。商品を現金で仕入れると仕入高＝現金支出（資金）ですから時間的なズレは生じません。しかし「信用取引」である「掛仕入」ですと、商品を仕入れても「買掛金」という仕入債務が計上されるだけで現金支出はありません。この買掛金を、手形を振り出して支払った場合には、さらに現金支出の時期が遅れます。

　経費の支払いにも、また固定資産の購入時にも「信用取引」はあります。

　このように発生主義や実現主義によって費用又は収益が認識されて、その差額として利益が計算されますが、「信用取引」がメインである今の時代では、「費用」と「支出」「収益」と「収入」が一致しないのです。

　一方、資金の流れを「キャッシュ・フロー」と呼びますが、「キャッシュ・フロー」は現金による入出金がなければ取引を認識しません。

つまり「現金主義」です。

会社が儲かっていることと資金に余裕があることは別次元の問題です。いくら儲かっていても売掛金が多い場合は、資金は回収されませんから資金繰りは苦しくなります。また、多額の固定資産を購入した場合や借入金を返済した場合も資金には大きな影響を与えます。

■ 利益と資金の違い

項　目	利　益	キャッシュ・フロー
計算される書類	損益計算書	キャッシュ・フロー計算書
認識基準	実現主義 （商品の引渡時点）	現金主義 （現預金を入金した時点）
減価償却資産	購入時は影響しない	支払時に認識する

■ 利益と資金の関係

商品を600で仕入れて1,000で販売した場合

	仕　入	売　上
ケース1	現金仕入	現金売上
ケース2	掛仕入	掛売上
ケース3	現金仕入	掛売上
ケース4	掛仕入	現金売上

商品売上時の損益と資金繰りはどうなるのか

損益計算書			ケース1	ケース2	ケース3	ケース4
売上	1,000	資金収入	1,000	0	0	1,000
仕入	600	資金支出	600	0	600	0
利益	400	資金残高	400	0	−600	1,000

※入金と出金の時間的なズレによって資金繰りが異なる。

7 運転資金を少なくすれば資金繰りは楽になる

必要な運転資金を少なくすることが資金繰りを楽にするポイント

■■ 運転資金を減少させる

　資金繰りを楽にするためには、運転資金又は設備投資を減少させるしかありません。「運転資金」は一般的に次の算式で表わされます。

> 運転資金＝売上債権等＋棚卸資産（在庫）－仕入債務等

　また、売上高の増加による売掛金や受取手形などの売上債権の増加、それに伴う在庫の増加が買掛金や支払手形などの仕入債務の増加を上回る場合には、運転資金として必要な金額が増加します。その増加する運転資金のことを増加運転資金といいます。上記の式を見てもわかるように、まず、売上債権等を少なくして仕入債務等を多くすればよいわけです。売上債権等と仕入債務等の回収期間または支払期間が同じであれば資金の負担はかかりません。

　しかし、売上債権等の回収期間が延びたり、仕入債務等の支払期間が短くなったりすると資金負担が増えることになります。運転資金を少なくするためには、売上債権等をなるべく少なくして、仕入債務等を増やせばよいということになります。売上債権を圧縮する方法としては、債権管理の徹底・回収条件の早期化・現金販売比率の向上・滞留債権の早期把握と回収、仕入債務等を増やす方法としては、当用買い（必要な物だけを仕入れること）や支払条件の長期化があげられます。

　また、棚卸資産（在庫）を減らせば「運転資金」は少なくなることがわかります。在庫が増えるほど資金繰りは苦しくなります。

　売れ筋や死に筋商品を把握した在庫額のコントロール、余剰在庫を

避けるような計画・生産・発注を行い、適正な在庫を持つことが資金繰りを楽にするポイントです。

■■ 過大な設備資金をなくす

　事業を進めていくうちには当然設備の老朽化は避けられませんし、IT化が進む現在では時代の流れに乗り遅れないため新たな設備投資をする必要が生じ、設備投資のための資金が必要になります。設備資金の調達を自己資金でまかなえれば問題ありません。借入金で行った場合、設備投資から新たに生じる収益で借入金の返済が可能であれば問題ありませんが、計画通りの利益が上がらなかった場合には資金ショートを起こす要因になってしまいます。設備投資によりどれだけの収益の増加が見込まれるのか、また、その設備投資によってどれだけのコストダウンが図れるのかという、設備投資の意思決定について十分に検討することが重要です。

　設備投資は、自己資本でまかなうことができればベストです。自己資本の場合には返済の必要がないからです。しかし、多額の資金が必要な場合は自己資本だけでまかなうのは難しいので借入金に頼らざるを得なくなります。その場合でも長期借入金でまかなうのが原則です。設備資金の調達を短期借入金で行ってしまうと、資金繰りが苦しくなるのはあたりまえです。設備投資した資金を利益で回収する前に借入金の返済を行うことになるからです。

■ 運転資金の図

第7章
その他の決算書の読み方

1 株主資本等変動計算書を見てみよう

純資産の増減額を表示する書類である

■■ 株主資本等変動計算書とは

　株主資本等変動計算書は、貸借対照表の「純資産の部」の一会計期間における変動額を表わす書類です。

　貸借対照表の「純資産の部」の項目を並べ、それぞれの前期末残高、当期変動額と変動事由、当期末残高を記載します。当期変動額は、変動事由ごとにプラスの要因とマイナスの要因との両方がそれぞれ「総額」で表示され、前期末±当期変動額と当期末残高が一致するようなしくみになっています。なお、マイナスの場合は、「△」で表わします。

　書類の型式としては、各項目を上から縦に列挙する「縦形式」と、「純資産の部」の各項目、増減金額と変動事由を縦横に表形式で表わす「横形式」との2種類があります。両者とも基本的な構造は同じですが、「横形式」の方が多く採用されているようです。

　「純資産の部」が変動する代表的な要因には、「新株の発行」「自己株式の取得又は処分」「剰余金の配当」「剰余金から準備金や積立金への積立」「当期純利益の発生による剰余金の増加」などがあります。

　また、「純資産の部」には資本金や剰余金などの属する「株主資本」の他に、あまり馴染みはないかもしれませんが「評価・換算差額等」「新株予約権」という項目があります。評価・換算差額等とは、有価証券や為替の含み損益などによる差額をいい、損益計算書ではなく「純資産の部」で直接評価する場合があります。新株予約権とは、将来株式を割り当てる権利のことです。非支配株主持分とは、連結子会社の資本のうち、親会社が保有していない部分のことをいいます。

　このように、「純資産の部」については変動する要因も多様化して

おり、貸借対照表や損益計算書だけでは説明しきれないというのが、株主資本等変動計算書が財務諸表として必要とされる理由です。また、国際的な会計基準に協調するためともいわれています。

■■ 剰余金の配当

　株式会社は、儲けた利益を株主に還元するため、配当を行います。一般投資家が財務諸表を読む場合、会社が配当をどれだけ支払うのかということも関心事のひとつだといえます。配当とは利益の分配であり、会計期間中に獲得した利益がその原資となります。会計期間中に獲得した利益は「繰越利益剰余金」として、いったん「純資産の部」に集められます。この剰余金から株主へ分配されるため、剰余金の配当といいます。

　剰余金の配当は、原則的には決算後の株主総会で決議され、株主への支払は翌年度中に行われます。例外として、取締役会の決議により中間配当や、その他何度でも配当を行うことのできる場合もあります。株主資本等変動計算書に記載される「剰余金の配当」の金額とは、その会計期間中に「実際に株主へ支払われた金額」です。つまり、前会計期間の決算で決定された額や、中間配当などの額が記載されているということです。当期の剰余金の配当額が決定している場合は、「注記」として、欄外に記載されます。このように株主資本等変動計算書は、利益の使い途を明らかにする書類でもあります。

　ところで中小企業の場合、配当を行わない会社の方が多いのではないでしょうか。中小企業では社長自身やその親族が株主となっているケースが多く、このような会社を同族会社といいます。同族会社が配当に積極的ではない理由は、配当は経費にならず、お金が出ていくだけで節税にならないこと、また、株主は配当として還元されることより、むしろ会社そのものの成長に期待して出資しているからだといえます。

2 キャッシュ・フロー計算書とはどのようなものか

貸借対照表や損益計算書による会計情報の弱点を補う

■■ キャッシュ・フロー計算書の必要性

　貸借対照表は、会社の財政状態を明らかにする決算書であり、損益計算書は会社の経営成績を明らかにする決算書です。それぞれ重要な情報を提供している決算書ですが、資金がどれだけ入ってきて、どれだけ資金が出ていったかという「資金の流れ」についての情報は提供できていません。「勘定合って銭足らず」といわれるように、いくら利益を獲得しても資金が不足すれば会社は倒産しかねません。そこで注目されたのが第3の決算書と呼ばれるキャッシュ・フロー計算書です。

　キャッシュ・フロー計算書を作成することにより、実際にキャッシュがいくら入って、いくら出ていって、結果としていくら手元に残ったのかが明らかになります。このようにキャッシュ・フロー計算書は、貸借対照表や損益計算書で提供できない「資金の流れ」という会計情報を投資家に提供することができるわけです。

　現在のほとんどの会社では、現金取引はごく限られたものです。掛売りや掛仕入といった信用取引がほとんどのはずです。

　売上は実現主義により商品を引渡した時点で計上されます。したがって、この時点で現金収入がなくても関係ありません。費用も発生主義により計上されますから、現金支出がなくても関係ありません。

　このように収益も費用も現金主義によって計上されるものではありませんので、損益計算書に計上された利益は、帳簿上の利益であって、利益相当額のキャッシュが手元にあるとはいえないわけです。逆にいえば、たとえ帳簿上は赤字であっても、手元にキャッシュがあるという場合もあります。会社は赤字であってもすぐに倒産することはあり

ませんが、資金が足りなければすぐに倒産してしまいます。

そこで、会社の支払能力を知るためには、貸借対照表や損益計算書の利益だけでは判断できないためキャッシュ・フロー計算書を作成する必要性が高まってきたわけです。キャッシュ・フロー計算書は、現状有価証券報告書提出会社に対して作成が義務付けられています。

一方、期間損益計算の役割も重要です。結果的に、損益計算書における期間損益の計算と、キャッシュ・フロー計算書におけるキャッシュ・フローの計算は、どちらが重要でどちらが重要でないということではありません。財務諸表の中で、同じように重要な決算書として取り扱われ、共にお互いの決算書の不備な点を補うものとしての存在意義があります。

これらの決算書を同時に作成することにより、投資家に対して情報開示をさらに充実させることができるようになったわけです。

■ **キャッシュ・フローと期間損益計算の関係**

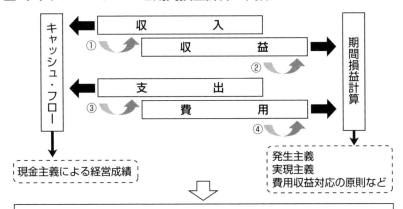

① 現金としての収入はあったが、実現主義により収益とは認識されない前受収益など
② 現金としての収入はないが、実現主義により収益と認識される未収収益など
③ 現金としての支出はあったが、発生主義・費用収益対応の原則により費用とは認識されない前払費用・期末在庫など
④ 現金としての支出はないが、発生主義・費用収益対応の原則により費用と認識される未払費用など

3 キャッシュ・フロー計算書を見てみよう

キャッシュ・フロー計算書は3つに区分され、かつ2つの表示方法がある

■■ キャッシュ・フロー計算書のしくみ

　キャッシュ・フロー計算書は、企業が事業活動を通じて、どれだけの資金を獲得し、このうちどれだけを投資活動に振り分け、また、借入によりどれだけ資金を調達し、または返済したかなどを表わす決算書です。

　損益計算書では、発生原因がわかるように利益を段階ごとに区分して計算していましたが、キャッシュ・フロー計算書も同じように資金の「入り」と「出」を会社の活動の内容によって、①営業活動によるキャッシュ・フロー、②投資活動によるキャッシュ・フロー、③財務活動によるキャッシュ・フローという3つの区分に分けて計算しています。3つに区分することによって、単なるキャッシュの増減だけでなく、どのような活動でどれだけキャッシュが増減したかもわかるようにしています。

　商品の販売による収入や商品の仕入による支出など企業の本来の活動によるものは「営業キャッシュ・フロー」に、固定資産の取得による支出や投資有価証券の売却による収入など投資活動によるものは「投資キャッシュ・フロー」に、借入による収入や配当金の支払いなど財務活動によるものは「財務キャッシュ・フロー」にそれぞれ区分されます。なお、このうち「営業キャッシュ・フロー」の表示方法には、直接「お金」の流れを追っていく直接法と、貸借対照表と損益計算書から営業キャッシュ・フローを計算する間接法の2つの表示方法があります。「キャッシュ・フロー計算書」の間接法による様式を要約したものが、次ページの表になります。

■ キャッシュ・フロー計算書（間接法）

キャッシュ・フロー計算書

(単位：千円)

Ⅰ　営業活動によるキャッシュ・フロー（間接法）	
税引前当期純利益	×　×　×
減価償却費	×　×　×
貸倒引当金の増加額	×　×　×
受取利息及び受取配当金	－×　×　×
支払利息	×　×　×
有形固定資産売却益	－×　×　×
売上債権の増加額	－×　×　×
棚卸資産の減少額	×　×　×
仕入債務の減少額	－×　×　×
未払消費税等の増加額	×　×　×
小　計	×　×　×
利息及び配当金の受領額	×　×　×
利息の支払額	－×　×　×
法人税等の支払額	－×　×　×
営業活動によるキャッシュ・フロー	×　×　×
Ⅱ　投資活動によるキャッシュ・フロー	
投資有価証券の取得による支出	－×　×　×
投資有価証券の売却による収入	×　×　×
有形固定資産の取得による支出	－×　×　×
有形固定資産の売却による収入	×　×　×
投資活動によるキャッシュ・フロー	－×　×　×
Ⅲ　財務活動によるキャッシュ・フロー	
短期借入れによる収入	×　×　×
短期借入金の返済による支出	－×　×　×
長期借入れによる収入	×　×　×
長期借入金の返済による支出	－×　×　×
配当金の支払額	－×　×　×
財務活動によるキャッシュ・フロー	×　×　×
Ⅳ　現金及び現金同等物に係る換算差額	×　×　×
Ⅴ　現金及び現金同等物の増加額	×　×　×
Ⅵ　現金及び現金同等物期首残高	×　×　×
Ⅶ　現金及び現金同等物期末残高	×　×　×

4 キャッシュ・フローは3つに分けられる

お金の出入りを3つの要素に分ける

■ 「営業キャッシュ・フロー」には何を記載するのか

　3つのキャッシュ・フローのうち、最も重要なものは、会社の本来の事業活動によるキャッシュの「出」と「入」を示す「営業活動によるキャッシュ・フロー」です。つまり、基本のキャッシュ・フローです。本業によるキャッシュ・フローですので、これはプラスであることが基本となります。もし営業キャッシュ・フローが赤字であれば、営業活動がうまくいっていないということです。営業活動がうまくいっていないということは根本的な問題で、経営状態は非常に厳しいということになります。営業キャッシュ・フローは、商品の仕入、原材料の仕入、経費の支払い、商品や製品の売上による収入といった資金の「出」と「入」を表わしています。規模、業種を問わず、最も重要な項目です。企業を安定させるためには、まず何よりも営業キャッシュ・フローを増加させることが大切です。

■ 「投資キャッシュ・フロー」には何を記載するのか

　投資活動によるキャッシュ・フローは、文字通り資金を投じる活動に伴うキャッシュ・フローです。営業キャッシュ・フローが企業の本来の事業活動から生じたプラスのキャッシュ・フローであるのに対し、投資キャッシュ・フローは企業の事業活動の維持発展のために投じるマイナスのキャッシュ・フローといえます。

　投資キャッシュ・フローは、工場建設や機械購入などの事業投資や余剰資金の運用などの投資を示す情報です。投資キャッシュ・フローがマイナスである場合には、将来に向けて積極的な投資をしていると

判断できますが、あくまで本業で稼ぎ出した営業キャッシュ・フローの中から投資を行うことが理想です。投資キャッシュ・フローを見ることで、会社がどのような投資活動に力を入れているのかがわかります。

　資金面で比較的余力のある会社は、投資活動に積極的といえます。

■■ 財務キャッシュ・フローには何を記載するのか

　財務キャッシュ・フローは、企業の営業活動や投資活動を支えるために、どのような資金を調達し、それを返済しているかを示す情報です。また、営業キャッシュ・フローと投資キャッシュ・フローを調整するものでもあります。そこで、財務キャッシュ・フローを見れば、足りないキャッシュをどのような手段で補充したのかがわかるといえます。

　成長段階にある企業の場合、営業キャッシュ・フローはまだ少なく、積極的に投資活動に力を入れている関係上、資金調達が多く、財務キャッシュ・フローはプラスになるのが一般的です。

■■ 3つの要素のバランスで会社の特徴を読む

　以上の3つの要素を包括的に見ると、会社の特徴も明らかになります。

　たとえば優良な経営状態の会社であれば、営業キャッシュ・フローがプラス、投資キャッシュ・フローと財務キャッシュ・フローはマイナスとなります。投資や財務がマイナスになるということは、本業で稼いだお金を設備投資や借入金返済に回しているということです。また、営業キャッシュ・フローと投資キャッシュ・フローがプラス、財務キャッシュ・フローがマイナスという状況であれば、リスクのある投資を避けて本業と借入返済に資金を充てることを重視した、堅実な会社だといえます。

　では、営業キャッシュ・フローがマイナス、投資キャッシュ・フローと財務キャッシュ・フローがプラスの会社はどうでしょうか。営業キャッシュ・フローがマイナスとなる会社は、前述したように経営

面で厳しい状態だといえます。つまり本業の赤字を投資と財務で補っているわけです。とくに財務キャッシュ・フローの比率が大きい場合、借入に依存した経営体質といえます。

ところで中小企業の場合、機械や建物などへの設備投資は、頻繁に行われるわけではありません。日々の業務としてはやはり本業がメインであるため、有価証券の売買などに対しても積極的とはいえません。したがって中小企業の場合、投資キャッシュ・フローの動きが活発な会社は少ないようです。また、財務キャッシュ・フローについては、

■ 営業キャッシュ・フローには何を記載するのか

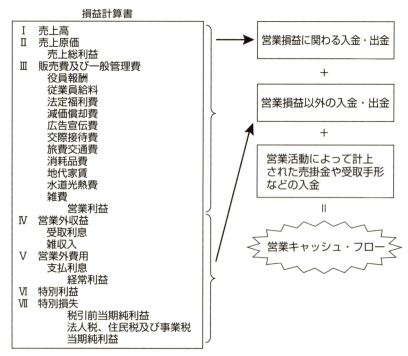

※上記は、直接法の記載の場合のイメージである。間接法の記載は、177ページの表のとおり、税引前当期純利益から減価償却費をプラスし、貸借対照表の営業資産や負債の当期末残高と前期末残高との増減額等をプラスマイナスして作成する。

銀行等からの借入とその返済によるものだけという会社が多いようです。借入の状況は貸借対照表でも把握できます。中小企業については、主に営業キャッシュ・フローに注目して、活用するとよいでしょう。

■ **投資キャッシュ・フローには何を記載するのか** ....

投資有価証券の取得による支出		－	× ×	×
投資有価証券の売却による収入			× ×	×
有形固定資産の取得による支出		－	× ×	×
有形固定資産の売却による収入			× ×	×
貸付けによる支出		－	× ×	×
貸付金の回収による収入			× ×	×
投資活動によるキャッシュ・フロー	×	×	×	

　　投資を行うための活動

設備投資（有形固定資産売買）、株式投資（投資有価証券売買）など

■ **財務キャッシュ・フローには何を記載するのか** ....

短期借入による収入		× ×	×
長期借入金の返済による支出	－	× ×	×
社債の発行による収入		× ×	×
社債の償還による支出	－	× ×	×
株式の発行による収入		× ×	×
配当金の支払額	－	× ×	×
財務活動によるキャッシュ・フロー	×	× ×	×

　　資金量をコントロールする活動

資金調達（銀行借入れなど）・資金返済（借入金の返済・配当金支払など）

5 連結決算書について知っておこう

企業グループを1つの会社とみなして作成した決算書である

■ 連結決算書とは

　連結決算とは、子会社、孫会社、関連会社など、グループ企業を1つの会社とみなして損益計算書や貸借対照表などの決算書を作成することをいいます。「連結決算」において作成された決算書を連結決算書といいます。

　連結決算には、支配する側と支配される側が存在します。そして支配する側の会社を「親会社」、支配される側の会社を「連結子会社」といいます。連結決算では、親会社と連結子会社の数値を合体させて決算書を作成します。たとえば親会社の売上高1000万円、当期純利益100万円、子会社の売上高500万円、当期純利益50万円であったとします。連結決算書では親と子の数値を合算し、売上高1500万円、当期純利益150万円として報告します。また、いずれかの会社で損失があった場合は、差し引き後の数値で報告します。前述の例でいうと、子会社の当期純損失が50万円であった場合、連結決算書では売上高1500万円、当期純利益50万円となります。

　連結決算が必要になったのは、投資家にとって、企業単体の決算だけを見てもグループ全体の経営状況が把握できないからです。とくにグループ企業間の取引などをないものとして、企業業績を判断しないと、実力が過大に評価されてしまうことにもなりかねません。

　なお、連結決算の場合連結会社間の取引は取引とみなされません。売上高であればグループ企業以外の第三者に販売した時点で初めて売上が計上されるわけです。このように連結決算により、単体ごとの業績ではなくグループ会社全体の業績を知ることができます。いくら親

会社の単体の決算数値がよくても、傘下にある子会社などの業績が悪ければ投資家は親会社に対する投資を躊躇するかもしれません。投資家にとって連結決算書は、重要な判断材料になります。

従来は単体決算が重要視され、連結決算は副次的ものでしたが、単独決算だけではグループ全体の業績が把握できないことから連結決算が重要視されるようになりました。連結決算を発表している場合には、単体の財務諸表よりも連結の財務諸表が先頭にくるなど連結決算が常識となっています。

このように、会社の経営成績や財政状態は単体の数値ではなく、グループ企業全体の数値でなければ投資家は正しい判断ができないのです。

連結決算が必要な会社とは、有価証券報告書の提出義務がある会社です。有価証券報告書とは、証券市場で取引される有価証券を発行する会社が、一般投資家に対し公開する財務諸表のことです。つまり、株式を市場に公開している上場企業など大企業は、連結決算書の作成が義務付けられているということです。

なお、連結決算書の作成義務のない会社についても、任意で連結決算を行うことができます。

■連結子会社とはどのような会社か

では連結の関係とはどのような関係をいうのでしょうか。詳細は少し難しいのでざっくりとした説明になりますが、参考までに見ていきましょう。

連結決算上、親子関係が成立する要件は大きく分けて3つあります。

1つ目の要件は、親会社が、その会社の議決権の過半数を所有している場合です。議決権とは、会社の重要事項を決定する株主総会で行使できる権利のことです。提出された議案に対して、この議決権を使って賛否の意思表示を行います。原則として株式1株につき1個の議決権となります。

議決権の過半数を所有していない場合でも、一定の要件を満たせば親子関係は成立します。そこで2つ目の要件として、親会社がその会社の議決権の40％以上50％以下保有し、さらにその他の状況から支配関係が認められる場合です。

支配関係が認められる場合とは、「親会社の意のままになる者が保有する議決権と合わせると過半数に及ぶ」「親会社が影響を与えることができる者がその会社の役員の過半数に及ぶ」「資金調達額の総額の過半が親会社からの融資である」など、一定の要件のうちいずれか1つでも該当する場合です。親会社の方針に同意している者は、その議決権を親会社が有利になるように行使します。実質的な状況から、親会社が支配しているかどうかを判定するという考え方です。

3つ目は、親会社がその会社の議決権の40％未満しか保有していないが、親会社の意のままになる者が保有する議決権と合せると過半数に及び、さらにその他の状況からも支配関係が認められる場合です。支配関係と認められる場合の要件は2つ目とほぼ同じであり、一定の要件のうちいずれか1つでも該当すると連結子会社となります。こちらも状況から判断される方法といえます。

■■ 連結決算書ではセグメント情報を公開している

連結決算書において、売上高、営業費用、営業損益、その他の財務情報を、事業の種類別、親会社・子会社の所在地別などのセグメントに分別したものをセグメント情報といいます。セグメント情報はグループ企業の細かい分析をする際に必要な情報です。

セグメント情報では、企業の売上高や営業利益、資産などを、事業の種類別、所在地別、仕向地別に区分して公開しており、この情報を参照することで、企業のどの事業が伸びているのかといったことや、どの地域で稼いでいるのかといったことを把握することができます。

事業の種類別では、どの事業がグループ全体の利益に貢献している

かがわかります。所在地別では、どの地域がグループ全体の利益に貢献しているかがわかります。仕向地別では、どの海外市場がグループ全体の売上に貢献しているかがわかります。

■ 中小企業も活用できる連結納税とはどのような制度なのか

連結決算は、主に上場している大企業が行うということでした。しかし中小企業も利用できる連結納税という制度があります。ここからは、今まで説明してきた連結決算とはまったく別の話になります。混同しないよう注意が必要です。

連結納税とは、簡単に言うと、親子会社間で利益や損失を通算して税務申告することができる制度です。この中小企業にも関係がある連

■ 連結決算書のしくみ

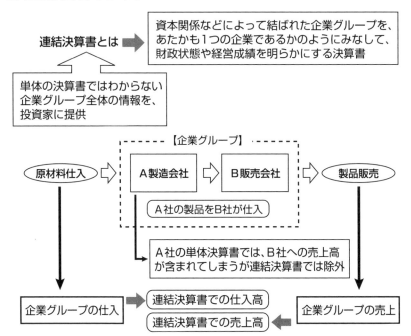

結納税を採用することができるのは、一定の条件を満たす連結子会社を持つ場合です。税務署に対して複数の会社を連結した税務申告書を作成し、申告および納税をすることができます。この制度は会社が任意で選択することができます。

連結納税の場合の親子関係とは、たとえば親会社が連結子会社の株式を100％保有するような、「完全」支配関係にあることをいいます。ここが通常の連結決算との相違点といえます。

完全支配関係とは、親会社が連結子会社の全株式を直接保有する場合以外にも、別の連結子会社を通して間接的に保有するような場合も該当します。たとえば親会社P社、子会社A社、B社があるとします。P社はA社株式の100％を保有しています。この場合当然P社は親会社、A社は連結子会社です。また、A社がB社株式を100％保有しているとします。この場合、B社はP社の連結子会社であるA社を通じて、P社に完全支配されていることになります。つまりB社もP社の連結子会社となります。

会社の利益には税金がかかります。一方損失が出た場合は、一部の場合を除き還付されることはありません。連結納税制度は、グループ内の利益と損失を差し引きして納税することになるため、節税対策に有効といえます。また、過去に発生した欠損金である繰越欠損金をグループ内で通算することにより早期に活用できる可能性もあります。

ただし、連結納税を開始した際や新たに加入した際に繰越欠損金が切り捨てられる場合もあるため注意が必要です。また、子会社が保有している資産が時価評価されて含み益に課税される可能性もあります。連結納税を導入して有利になるか不利になるかは、専門家の意見も参考にしながら、慎重にシミュレーションしてみる必要があるといえます。有利不利の判定をするサービスを提供している税理士事務所などに相談してみるのも一つの方法です。

第8章
法人税申告書、決算書作成のしかた

1 決算や法人税申告のための経理の役割について知っておこう

内部報告・外部報告用の会計資料の作成が重要な役割である

■■ 決算は何の目的で行うのか

　法人税を算出するためには、会社の利益を確定させる必要があります。決算とは、一定期間に会社が行った取引を整理し、会社の経営成績及び財政状態を明らかにするための手続きをいいます。この一定期間を会計期間といいます。1年間（当期）における経営成績（＝損益計算書）と財政状態（＝貸借対照表）を報告するため、決算特有の調整や必要な集計を行うことが主な決算手続きの内容です。

　経理担当者が日々行っている経理業務は、すべて決算のためといっても過言ではありません。決算の作業は、試算表の作成や決算整理事項の整理、すべての帳簿類を締め切るなどの作業がありますが、これらはすべて最終的に貸借対照表や損益計算書といった決算書を作成するという目的に向かって進められます。決算をすることにより、会社内部の経営者や管理者たちは会社の経営状態を知り、今後どのように会社を経営していくのか、目標をどこに置くのかなどの経営目標を明確に設定することができます。このように、決算は、効率的かつ安全な経営活動を行うための管理統制の手段になるわけです。

　また、会社に出資している株主や債権者などの利害関係者にとっては、自分たちが出資したり、お金を貸している会社の経営状態が気になるのは当然のことです。今後、出資をしようと考えている投資家にとっても、その会社の経営状態や将来性は大いに気になるところです。

　そこで、決算を行い、外部の利害関係者に対して、会社の財政状態や経営成績を報告することによって、経営者の責任を明らかにするわけです。これらの目的を果たすために決算が行われます。

■■ 日々の取引の売上や費用を記録する

　決算や法人税の申告を的確に行うためには、日々の取引において、売上や費用を明らかにし、記録していかなければなりません。

　会社は営業活動を行い、そこから利益を生み出す組織です。会計期間という一定の期間を設定し、その会計期間内の様々な営業活動を、記録、計算、整理します。会計期間内の売上を計算し、経費、費用、収益を集計して、期間内の利益や経営・財政状態などを、会社の内部だけではなく株主など外部にも報告する必要があります。このように一連の営業活動による取引を記録し、会社内部に限らず、外部の関係者に決算書を公開することが経理の仕事です。

　経理の大きな役割には、会社経営者などに対する内部報告用の会計資料の作成と、株主などに対する外部報告用の会計資料の作成があります。

　内部報告用会計は、管理会計と呼ばれ、会社の経営者が適切に会社の経営を実行に移すことができるよう、会社の経営状態を正確に詳しく資料化したものです。あらゆる角度から分析・集計した多種多様な会計資料を作成することにより、経営者はその会計資料を基にして、現在の問題点を知ることができ、その後の経営戦略を練ることができます。会社の経営の根幹に関わることにもなる大変重要な仕事だといえます。

　外部報告用会計は、財務会計と呼ばれ、貸借対照表や損益計算書など、定められたルールに基づき作成された財務諸表のことです。会社には、日頃の取引や現金の流れを正確に記録、計算、整理し、株主や債権者など、会社の利害関係者に対して会社の経営状態のわかる情報を公開する義務があります。会社の経営状態を透明化し、明確にすることにより、利害関係者に対しての信頼獲得だけでなく、社会的地位の向上にもつながります。

■ 業務の流れをおさえる

　経理業務の内容は、会社の規模や業種などにより異なりますが、大まかな流れは似ています。

　一般的に会社の業務は、「開発」→「仕入」→「製造」→「在庫」→「売上」というサイクルになっています。この会社の業務サイクルを経理業務のサイクルにあてはめてみましょう。経理業務との関わりという点では、「仕入」段階での手形や買掛債務の管理業務、「製造」段階での原価の管理や固定資産の管理、原材料・経費・人件費などについての資金繰り業務が重要です。また、「在庫」の段階では在庫の管理、「売上」段階では受注・出荷や売掛債権の管理業務が生じます。

　現金出納の管理や、資金・経費管理は段階にかかわらず、経理の日常業務になるということができます。

　ただし、業種によってはこのサイクルも多少違ってきます。たとえば、卸売業では、「製造」部分がなく「購入」となり、「原価計算業務」などの経理業務も生じないことになります。

　また、自社の顧客や仕入先の名称や情報、商品名やその特徴や強みなどを知ることは、経理処理の合理化や、スムーズな処理を行うためには、とても重要です。

■ 経理業務のスケジュールと月次決算

　月単位、年単位で行う作業には、それぞれの期間中に行うべき仕事のタイミング、つまりスケジュールがあります。経理事務の代表的な年間スケジュールは次ページの図の通りです。

　一方、月単位で行う仕事で最も大切なのは月次決算です。月次決算とは、月ごとの会社の決算のことです。前の月1か月の会社のお金の動きをまとめる作業で、経理担当が毎月行わなければならない重要な仕事です。具体的には、月の前半に帳簿の締切、試算表（最終的な決算を行う前に総勘定元帳への記載が正確に行われているか検証するた

めの表）の作成、決算書の作成、資金繰り表の作成などを行います。さらに、月の中頃には、作成した決算書を基に予算計画と事業の実績を比べて分析した結果といっしょに経営陣に報告を行います。

月次決算は、①会計伝票の内容を仕訳帳に反映させる、②仕訳帳の内容を総勘定元帳と補助簿に反映させる、③総勘定元帳の内容を試算表に反映させる、④試算表を基に決算書を作成する、という手順で行われます。月次決算が完成すると、経営陣への報告です。

月次決算で気をつけなければならないのは迅速性です。経営陣は、報告を基に次の月以降の経営戦略を練り直します。どんなに遅くとも、通常は月末から5営業日程度までの間には、報告できるようにしておく必要があります。

■ 経理事務の年間スケジュール

	主な事務
1月	月次・四半期決算作業、償却資産税の計算・納付、法定調書の作成
2月	月次決算作業、予算計画策定作業
3月	月次決算作業、予算計画策定作業、実地棚卸の確認
4月	月次・本決算作業
5月	月次・本決算作業、法人税等の計算・納付
6月	月次・本決算作業、夏季賞与支給に伴う事務作業
7月	月次・四半期決算作業、社会保険関連の事務作業(定時決定、年度更新等)
8月	月次決算作業
9月	月次決算作業
10月	月次・四半期決算作業
11月	月次決算作業、法人税等の中間申告・納付
12月	月次決算作業、冬季賞与支給・年末調整に伴う事務作業

※1　表中の事務内容は3月決算会社を想定したスケジュール
※2　賞与支給は6月及び12月を前提

2 会計帳簿について知っておこう

総勘定元帳や補助元帳、現金出納帳、仕訳（日記）帳などがある

■■ 会計帳簿にはどんなものがあるのか

　取引を行う時には、内容や金額などを取引先へ通知したり、取引の事実を記録として残しておくために会計帳票を作成します。会計帳票のうち、1つの取引ごとに単票形式で作成したものを会計伝票、現金取引、手形取引など一定の取引のみを集めて、その履歴を時系列で記録したものを会計帳簿といいます。主な会計帳簿には、総勘定元帳、補助元帳、現金出納帳、仕訳（日記）帳、預金出納帳、手形帳、売掛帳、買掛帳などがあります。これらの他にも、会社の業務形態に応じて、様々な会計帳簿が存在します。

■■ 取引記録をなぜ管理しておく必要があるのか

　日常の取引の中で、相手方との間に領収書や納品書などの取引の証拠となる書類が発生します。それらは証憑書類といわれ、記録として経理上重要な書類となります。証憑書類には、注文書、領収書、請求書、商品受領書があります。

　領収書などの書類には、経理事務や税金申告の書類としてのはたらきもあります。つまり、経費処理などの申告の正しさを税務署へ証明するための証拠書類になります。会社が作成したり受け取った証憑書類やそれらを整理した帳簿類については、税務調査を受けたり、後で調べるときなどのためにきちんと整理しておく必要があります。帳簿書類の備え付け、記録又は保存が法令に従って行われていない時は、青色申告（一定の帳簿書類を備えて日々の取引を複式簿記の原則に従い整然かつ明瞭に記録し、その記録に基づいて申告すること）が取り

消されてしまう場合もあります。そうなると、特別償却（税法で認められた通常の償却額に加えて、取得価額に一定割合を乗じて算出した金額を上乗せして償却ができること）など青色申告の様々な特典が適用されず、税務上不利な扱いとなりますので注意が必要です。

■■ 保存期間は法定されている

　10年間の欠損金の繰越控除の適用を受ける場合、法人税に係る帳簿書類の保存期間は10年間です。また、会社法でも、帳簿の保存期間は10年となっていますので、結局のところ帳簿書類は10年間保存しなければならないことになります。

　帳簿書類の保存方法は、紙による保存が原則ですので、電子計算機で作成した帳簿書類についても、原則として電子計算機からアウトプットした紙により保存する必要があります。

　ただし、一定の場合には電子データで保存することができます。電子帳簿保存法の改正を含む近年の税制改正により要件が緩和され、使い勝手のよい制度になっています。

　伝票や証憑書類の整理は、月別、日付順に通し番号をつけ、ノートなどに貼り付け、ファイル形式にして保存するのが一般的です。これ以外にも科目別に整理する方法があり、それぞれ日付順、内容別、相手先別に整理します。証憑書類の種類によって使い分けます。

　その他、業務上保存する必要がある書類については、別途規程を作るとよいでしょう。なお、文書は、保管年限ごとに色別にファイルに綴じておくことで、その後の処理も非常に効率がよくなります。

　このように伝票や証憑書類をきちんと整理するということは、会社のお金の流れを管理するという経理の基本的な仕事の他に、誰に対しても、お金の流れが不正なく行われていることを証明することにもつながります。そして、いつでも証明できるようにしておくということも、経理としての大切な仕事のひとつだといえます。

■■ 総勘定元帳と補助簿の役割

　帳簿には、簿記の基礎となる主要簿と、その主要簿の記録を補う補助簿があります。総勘定元帳は、仕訳帳と共に重要な主要簿で、現金の動きや残高、増減した取引の内容が示されます。これらの主要簿を基にして決算書（貸借対照表・損益計算書）が作成されます。また、補助簿には、補助記入帳と補助元帳があり、主要簿作成の明細を示す補助的な役割を持っています。

① 　総勘定元帳の作成

　総勘定元帳は、仕訳帳に書いた仕訳を勘定科目別に書き写して作成します。この勘定科目ごとの帳簿を総勘定元帳といい、この書き写す作業を転記といいます。勘定科目とは、取引内容を分類するためにつけられた名称です。事業を行うにあたっては、様々な取引がなされます。そのたびに、取引の記録がなされていくわけですが、その取引が何であるのかがわからなければ、お金の流れを理解することができません。そのため、勘定科目を用い、取引内容を明確にするのです。

② 　補助簿の種類

　補助簿には「補助記入帳」と「補助元帳」があります。補助記入帳は、特定の取引についての明細な記録を行う帳簿をいい、補助元帳は、特定の勘定についての明細を記録する帳簿です。補助簿には多くの種類があり、各会社で必要に応じた補助簿を決定します。

■■ 総勘定元帳から貸借対照表と損益計算書への振分け

　一般的に試算表という場合は合計残高試算表を指し、貸借対照表と損益計算書のセットをいいます。この試算表は日々の仕訳処理が仕訳帳から各勘定科目ごとの総勘定元帳へ展開され、各勘定科目の総勘定元帳から貸借対照表と損益計算書へ振り分けられることにより完成します。

■ 帳簿の分類

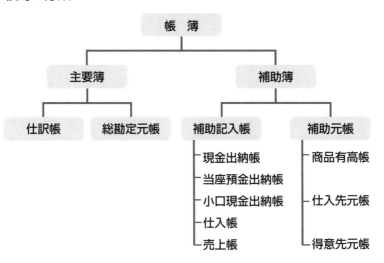

■ 補助簿の種類

補助記入帳	
現金出納帳	現金の入金・出金・残高の記録
当座預金出納帳	当座預金の預入れ・引き出し・残高の記帳
小口現金出納帳	小口現金の収支の明細を記録
仕入帳	仕入れた商品・製品・材料と金額の記帳
売上帳	販売した商品・製品・サービスと金額を記帳
補助元帳	
商品有高帳	商品の出入りと残高を記録
仕入先元帳	仕入先ごとに仕入れた商品・製品・材料・金額内容を記帳／買掛金の支払いを記帳
得意先元帳	得意先ごとに販売した商品・製品・サービス・金額内容を記帳／売掛金の回収を記帳

3 法人税の申告書を作成する

会社の業務形態に応じて必要な別表を作成することになる

■■ 確定申告書を作成する必要がある

　会社が事業で稼いだ儲けには、法人税が課税されます。法人税の申告は、法人自らが税額を計算し、「法人税の確定申告書」を管轄の税務署へ提出する方法で行います。確定申告書の提出期限は、事業年度終了の日から2か月以内です。ただし、会計監査が終わらないため決算が確定しない場合には、申請により提出期限をさらに1か月延長することができます。

■■ 算出方法と申告調整

　法人税の計算は、決算で確定した「当期純利益」又は「当期純損失」をベースにして行います。これに税法に基づいた調整計算を加え、課税されるべき所得の金額と、所得にかかる法人税額が算出されるというのが大まかな流れです。

　法人税法上の所得の計算は、会計規則に基づいて計算された当期純利益（または当期純損失）を基に行われますが、税法独自の計算を加える場合があります。これを申告調整といいます。申告調整には、所得に加算する「加算項目」と減算する「減算項目」があります。加算されるということは、所得が増え、当然ながらその分税金も増えるということです。反対に減算項目には、税金を減らす効果があります。

　ここで、税法用語について簡単に説明をしておきます。法人税法では、会計用語の言い回しが少し異なります。たとえば収益のことを「益金」、費用のことを「損金」、確定した決算において費用または損失として経理処理をすることを「損金経理」といいます。費用とは認

められず加算されることを「損金不算入」、費用計上が認められることを「損金算入」、収益として認識されないことを「益金不算入」といいます。

さて、申告調整に話を戻します。加算項目には、たとえば損金経理をした法人税、減価償却の償却超過額、交際費等の損金不算入、法人税額から控除される所得税額などがあります。簡単に説明しますと、納付した法人税は「法人税等」などの科目で費用として計上されています。しかし税法上は損金不算入であるため、加算されます。減価償却費は、損金経理を行った場合に税法上の限度額までの損金算入が認められています。ただし限度額を超えた部分については損金不算入となります。交際費についても税法上の限度額が設けられており、これを超えた部分は損金不算入となります。

減算項目には、当期に申告書を提出した事業税等の金額や、法人税や所得税の還付金などがあります。事業税は、申告書を提出した事業年度において損金算入が認められています。しかし、一般的には前期末に「法人税等」として計上しているため、前期末においていったん加算調整した上で、翌期の損金として減算調整します。法人税等の還付金については、「雑収入」など収益に計上されています。しかし、そもそも法人税が損金不算入であるため、還付された場合も益金不算入として減算調整されます。

■ **法人税の所得計算**

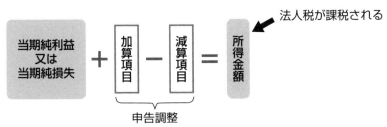

4 必ず作成する別表について知っておこう

別表一㈠、二、四、五㈠、五㈡の5枚は必要

■ 別表の作成

　法人税の確定申告書は、別表と呼ばれる複数の用紙で構成されています。別表の種類は税制改正による増減はありますが、現行では別表一㈠から別表十九までとなっています。ただし、これらすべての別表をつかうわけではありません。別表にはそれぞれの法人の状況に応じて、必ず作成が必要なものと、必要に応じて作成するものとがあります。なお、毎年の税制改正により、別表の様式も少しずつ異なります。用紙枠外の右端に、たとえば「平三十・四・一以後終了事業年度分」など、適用年度が記載されています。こちらも申告する事業年度と一致しているかどうか確認する必要があります。

　別表の役割は、法人税のもとになる法人所得の計算と、法人税の計算です。どの法人も必ず作成が必要な別表は、別表一㈠、二、四、五㈠、五㈡の5枚です。法人の所得は、別表四に申告調整金額を「加算」または「減算」して計算します。翌期以降の損金や益金として繰り越す場合には、別表五㈠に記録します。そして、法人税額を別表一㈠で計算します。これら以外の別表では、主に申告調整計算などを行います。

　別表の作成手順についておおまかに説明しますと、まず個別の調整項目に関する別表の作成、次に別表四と五の作成、最後に別表一㈠の作成という流れです。つまり別表一㈠から番号順に作成するのではなく、別表四と別表五㈠を中心に、決算書の金額を転記しながら、複数の別表を同時進行で完成させていくイメージです。別表同士の関係については、200ページの関係図も参考にしてみてください。

各別表の内容や作成要領については、作成する順番に従って説明していきます。

■その他の別表が必要になるケース

別表一㈠、二、四、五㈠、五㈡以外の別表は、必要に応じて作成することになります。主に、所得金額に加算又は減算する調整金額を計算する目的で作成するものです。たとえば交際費が発生している会社であれば別表十五（220ページ）、減価償却資産を保有している会社であれば別表十六（221ページ）、というように、それぞれの内容に応じた別表を作成します。事例では、別表三㈠、別表六㈠、別表七㈠、十一㈠、十五、十六㈡について以下で見ていきます。これらの他にも、受取配当等の益金不算入額を計算する別表八㈠など、様々な別表が存在します。

所得金額の調整計算以外にも、別表が必要な場合があります。たとえば同族会社等の判定を行う場合や、特別に加算される税額を計算する場合などです。加算されるケースでは、留保金課税（212ページ）という規定があり、別表三㈠（224ページ）で加算税額を計算します。

■申告書に添付する添付書類

「確定申告書」には、決算書を添付して提出します。通常の確定申告に添付が必要な決算書類は、「貸借対照表」「損益計算書」「株主資本等変動計算書」「勘定科目内訳明細書」です。決算書類は、株主総会の承認を受けて確定したものをそのまま使います。「勘定科目内訳明細書」とは、たとえば売掛金や買掛金の明細など、貸借対照表や損益計算書に表示されている勘定科目の内訳を示す書類です。一般的には、決算書類といっしょに作成されるものです。

決算書以外の添付書類として、「法人事業概況説明書」も作成します。事業概況説明書は、税務調査のための準備資料として税務署へ提

出する書類です。裏表に記入する欄があり、表面には事業内容、従業員の人数と構成、データの管理方法などの情報や、決算における貸借対照表や損益計算書の概数を記入します。裏面には管理している帳簿や、月別の売上、仕入、人件費の金額などを記入します。

　税額控除や軽減税率など、租税特別措置法の適用を受ける場合には、「適用額明細書」（225ページ）の添付も忘れないようにしましょう。適用額明細書を添付する場合、別表一㈠（213ページ）「適用額明細書提出の有無」欄にも「有」に印をつけます。

■ 別表同士の関係図

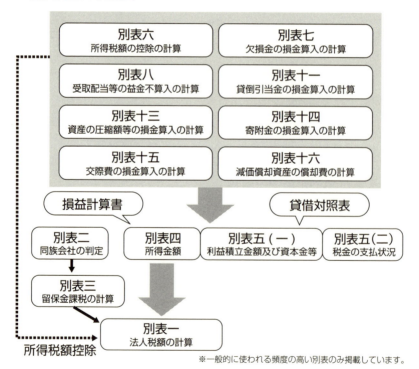

※一般的に使われる頻度の高い別表のみ掲載しています。

5 別表二を作成する

同族会社または特定同族会社に該当するかどうかを判定するための書類

■■ 別表二の作成

　この別表は調整金額そのものを計算するものではなく、法人が、税法上の「同族会社」または「特定同族会社」に該当するかどうかを判定するための書類です。

　同族会社とは、株主やその親族等で構成される株主グループの発行済株式や議決権の数が、上位３位までの合計で過半数を所有されている会社をいいます。また、特定同族会社とは、同族会社のうち、１つの株主グループで過半数の所有を占める会社をいいます。ただし、資本金１億円以下の中小法人（資本金５億円以上の大法人に完全支配されている法人以外）は除きます。これらに該当しない会社を「非同族会社」といいます。

　これらの判定結果は、別表一(一)にも記入する欄があります。「同非区分」の該当箇所に○印を記入します。

■■ 同族会社の判定がなぜ必要なのか

　小規模な会社の場合、社長やその親族が株主となっている同族会社が多いのではないでしょうか。株主が経営者でもある場合、利益の処分方法が経営者の意のままになりやすいといえます。

　利益を配当として株主へ還元せず、会社内部へ貯める（留保）行為を抑制するため、法人税法では、一定の同族会社が限度額を超えて留保したお金に対しては特別に課税するという規定があります。これを「留保金課税」といいます。詳しくは224ページの別表三(一)で見ていきます。

このように、法人税法上、同族会社に対しては、非同族会社よりも厳しい規定が設けられています。

また、同族会社の場合、会計処理も経営者の自由に操作されやすいといえます。会計処理の操作による脱税行為などを抑制するために、同族会社の行為・計算の否認という規定があります。これは、「法人税を不当に減少させている」と認められる行為があるときは、税務署長が否認できるというものです。たとえば経費の計上を税務署長から否認された場合、その分法人税が増えるということになります。同族会社を牽制するための規定だといえます。

同族会社と役員

法人税法では、役員に支給する給与についてはいろいろな制約があります。一定要件を満たしていない給与や不相当に高額な給与については、経費算入が認められず、課税されてしまいます。また、退職金についても、不相当に高額であれば、同様に経費算入が認められず、課税されてしまいます。これは、役員給与の支給額を増減させることによる利益操作を避けるためです。そのため、法人税法上においては、役員について定義付けがされています。法人税における役員とは、法人の「取締役、執行役、会計参与、監査役、理事、監事及び清算人並びにこれら以外の者で法人の経営に従事している者」です。たとえば顧問や相談役などの場合、実際に経営に携わっているかどうかで判断されます。つまり役職名に関係なく、経営に従事していると判断されれば役員の取扱いということになります。

同族会社の場合、株主である親族同士の合意により、あえて役員の肩書を外すという行為も可能です。このようなことが認められてしまえば不公平が生じてしまうため、同族会社で経営に従事している一定の株主については、肩書にかかわらずみなし役員ということで、役員として取り扱われることになります。

6 別表一（一）を作成する

別表一㈠は、所得が確定した後、最後に作成する

■ 別表一（一）の作成

　別表一㈠は、別表四で計算した所得金額から、税額を計算する書類です。したがって、所得が確定して最後に作成することになります。また、事業年度・納税地・法人名などを記入し、確定申告書全体の表紙としての役割もあります。確定申告書として提出するのであれば、「申告書」の左の空欄に「確定」と記入します。平成26年10月１日以後に開始する事業年度からは、「地方法人税」の確定申告書も兼ねることになっています。「代表者記名押印欄」は、会社の代表者が「自己の印」を押印します。業種や資本金の額、同族会社であるかどうかの区分、添付書類など必要事項はすべて記載します。「税務署処理欄」の「売上金額」にも記入が必要です。当期の売上高を百万円単位（端数は切り上げ）で記入します。

　なお、別表一㈠と同じフォームなのですが、白地の少し分厚い紙で、枠などがカラー刷りで印刷されたOCR用紙も作成します。穴をあけてはいけないので、他の別表と綴じ込まずに別に用意しておきます。

■ 法人税額の計算

　別表一㈠の内容ですが、まず、別表四によって算出された所得金額を記入します。期末資本金が１億円以下の中小法人は、年間所得800万円までに対して軽減税率が適用されます。そのため、800万円とそれを超える部分の金額とに分けて記入します。ただし、資本金５億円以上の大法人に完全支配されている法人については、軽減税率は適用されません。

次に、所得金額に税率を掛けて計算した金額を記入します。ここで計算した「法人税額」を、「2」の「法人税額」にも転記します。租税特別措置法などによる税額控除の適用がある場合や、反対に、同族会社の留保金課税など課税される項目があれば、「3」以下で加減算し、「法人税額計」の計算を行います。

　所得税額控除や外国税額控除がある場合は、別表六で計算した金額を右上部分の「控除税額の計算」欄に転記します。「控除税額」欄にも記入し、最終的な法人税の年税額である「差引所得に対する法人税額」を計算します。控除税額の方が多く、控除しきれない金額がある場合は「控除しきれなかった金額」に記入します。控除しきれなかった部分については、右側の「この申告による還付金額」欄に記入し、還付されます。また、中間申告の納付税額がある場合、「中間申告分の法人税額」と、差引後の「差引確定法人税額」に記入します。「差引確定法人税額」が、この申告により納付すべき法人税額です。中間申告分の法人税額の方が多い場合は、還付されます。右側の「この申告による還付金額」欄に記入します。

　なお、平成26年10月1日以後に開始する事業年度については、地方法人税の計算欄が設けられています。法人税額を課税標準として、一律4.4%になります。また、記入項目が増えた関係で、別表一㈠次葉という書類の作成が必要になりました。別表一㈠次葉には、法人税と地方法人税の計算過程を示す内容を記入するようになっています。

■ 決算確定の日

　最後に忘れてはならないのは、一番下の「決算確定の日」欄です。ここには、株主総会で決算書の承認を受けた年月日を記入します。親族のみで構成された同族会社や一人法人では、実際に決算処理が終了した日付で差し支えありません。簡単なもので構わないので、株主が承認した旨を記録した株主総会議事録を作成しておくとよいでしょう。

7 別表四・別表五(一)を作成する

別表四と五(一)は関連性が強い書類といえる

■■ 別表四の作成

　別表四は課税されるべき所得金額を計算する表です。別表四にはすべての項目が表示された通常様式と、一般的な項目のみに省略された簡易様式があります。通常では簡易様式の法人の方が多いといえます。

　各別表から転記した調整金額を加減算して算出した、「所得金額又は欠損金額」の総額欄の金額が、法人税が課税されるべき所得金額になります。

　まず、一番上の「当期利益又は欠損の額」に、当期の損益計算書の「税引前」当期純利益又は純損失の金額を記入します。これが法人税の計算のスタート地点になります。これに加算項目と減算項目を各別表等から転記して、所得金額を計算します。そして、この所得金額をもとに、別表一(一)（213ページ）で当期の法人税を計算します。法人税と、住民税・事業税等の地方税が確定すると、別表四の「当期利益又は当期欠損の額」を「税引後」当期純利益に書き換えます。最後に加算項目の「損金の額に算入した納税充当金」欄に、未払法人税等として計上した当期の法人税・地方税の額を記入し、別表四は完成です。なお、納税充当金については、別表五(二)（218ページ）で説明します。

■■ 留保と社外流出

　別表四には、「処分」欄があり、加算・減算の調整計算を行う際に、「総額」欄に記入した上で、右側の「処分」欄で「留保」と「社外流出」とのいずれかに分類します。

　調整項目の中には、会計処理と法人税法の取扱いとで、益金または

損金の認識すべき時期が異なるために発生したものもあります。このような一時的な差異の場合、別表四の「処分」欄の②「留保」に記入します。一時的に発生した差異は、別表五㈠の「当期の増減」欄の③「増」に金額を記録します。たとえば減価償却超過額がこれに該当します。税法上の限度額を超えて計上した減価償却費は損金とは認められず、所得に加算されてしまいますが、翌期以降の所得から減算されることになります。差異が解消された場合には②「減」に記入します。そして最終的にこの差異は解消されます。このように、別表四と五㈠は、お互いにつながった存在だといえます。

このような一時差異とは性質が異なり、解消されない差異もあります。これを永久差異といいます。たとえば交際費等の損金不算入額は、当期に加算されてそれでお終いですから、永久差異に該当します。永久差異の場合は、別表四の処分欄は「社外流出」に記入します。この場合、別表五㈠への転記は必要ありません。

■■ 別表五（一）の作成

別表五㈠は「税法上の純資産」の明細を表わします。別表五㈠の「利益積立金の計算に関する明細書」には、利益積立金や繰越損益金の他、前述したような「留保」された損金不算入額も含まれており、いわば税法上の資産を構成します。前期から繰り越されたものを「①期首現在利益積立金額」に記入します。当期の増減欄では、当期に解消された項目を②「減」、発生した項目を③「増」に記入し、④の「差引翌期首現在利益積立金額」を計算します。未納法人税等には、前期分の納付と当期分の発生について記入します。

「資本金等の計算に関する明細書」欄では、資本金や資本準備金など、法人の純資産に関する記入欄があります。これらの記入欄には、貸借対照表や株主資本等変動計算書から転記します。

8 別表五（二）を作成する

税金の発生とその支払状況などを明らかにするための書類

■■ 別表五（二）の作成

　別表五㈡では、税金の発生とその支払状況、未払法人税等の繰入額と取崩額などの明細を明らかにする書類です。

　法人税、道府県民税、市町村民税、事業税、その他と区分されており、①から⑥までの欄にそれぞれ未納税額の期首残高、当期の増加と減少、期末の残高を記入するようになっています。③から⑤の「当期中の納付税額」には、税金を納付した時の経理処理方法に従って、いずれかの欄に記入します。未払法人税等のことを、税法用語で納税充当金といいます。税金を前期の納税充当金から支払った場合であれば③、「仮払税金」など仮払い処理で支払った場合であれば④、「租税公課」や「法人税等」など経費科目での損金経理であれば⑤に分類されます。

　法人税、道府県民税、市町村民税については、当期分の確定金額を記入する欄があります。これらの金額については、まずは法人税額の計算に必要な処理をすべて終えて、最後に作成することになります。

　事業税は、前期の確定申告と当期の中間申告の分のみ記入します。

　一番下の「納税充当金の計算」欄では、「未払法人税等」の期首残高、繰入額、取崩額を記入し、加減算して期末納税充当金を計算します。

　なお、罰金や過少申告加算税、延滞税などのペナルティとしての税金は損金算入が認められません。このような税金があれば「その他」欄の「損金不算入のもの」に記入し、別表四へ転記して加算調整を行います。

9 その他の別表を作成するケースについて知っておこう

交際費や経営・債権回収の状況に応じて各種別表を添付する

■■ 別表六（一）の作成

　預貯金の利子等からは、15.315％の源泉所得税が徴収されています。その内訳は、所得税15％および復興特別所得税0.315％です。これらの税金は法人税から控除することができます。計算方法としては、損金経理した税額を加算調整していったんなかったものとし、最終的に算出された法人税額等から控除（税額控除）するという方法によります。この場合、所得税額には復興特別所得税も含めて計算します。そのまま損金として経理することもできますが、税額控除を受けた方が納税者には有利です。

　所得税の税額控除の適用を受けるために作成するのが、別表六㈠（219ページ）です。別表六㈠では、利子等の種類に応じて、収入金額や源泉徴収された所得税額を記載します。

■■ 別表十五の作成

　会社が支出した交際費は原則として損金不算入であり、所得に加算されます。交際費とは、得意先との飲食や贈答のための費用をいいます。ただし１人当たり5,000円以下の一定の飲食費については、この交際費から除かれます。

　「原則として損金不算入」と書きましたが、例外として、一定の損金算入限度額が定められている場合があります。まず資本金１億円以下の中小法人（資本金５億円以上の大法人に完全支配されている場合を除く）の場合、年800万円まで損金算入が認められます。次に、資本金１億円超の会社の場合、接待飲食費の50％までは損金算入が認め

られています。なお、中小法人の場合、800万円と接待飲食費の50%とのどちらか有利な方を選択することが可能です。

別表十五では、支出した交際費の額と損金算入限度額を記入し、損金不算入額を計算します。

■■ 別表十六の作成方法

法人税法では、資産の種類や構造等に応じた償却方法や耐用年数を定めており、その方法で計算した償却額が、損金算入の限度額になります。この別表十六に減価償却の内容を記載して提出した場合、「減価償却費」として損金経理した金額のうち、限度額までの損金算入が認められます。なお、定額法は㈠、定率法は㈡というように、計算方法によって用紙が異なりますので注意してください。㈱緑商会の設例では、定率法による別表十六㈡（221ページ）を掲載しています。

別表には、資産の区分ごとの償却限度額及び当期に計上した償却額、償却限度超過額や償却不足額などを記入します。償却限度を超過した金額は、損金不算入であるため加算調整されます。反対に償却不足である場合、過去の償却超過額が残っているのであれば、限度額に達するまでの金額を損金に算入し、所得から減算することができます。超

■ 中小法人の損金の額に算入される交際費の額

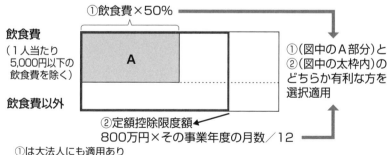

※選択適用の判定は、飲食接待費が1600万円以上になった時に留意する。

過額が発生した場合は、別表四で加算調整がなされます。また、別表五㈠の「利益積立金に関する明細書」にも、当期の「増」として記録します。減価償却の超過額による差異は、最終的には解消され、別表四で減算調整されるしくみになっています。

■ 赤字の場合

　赤字が出た場合、一般的には法人所得もマイナスとなります。法人税法では、所得金額がマイナスとなることを欠損金といいます。欠損金がある場合、当然ながら当期の法人税もゼロです。中間申告による納付税額や、利子などから徴収された源泉所得税などがあれば、還付されます。

　また、継続して青色申告法人である場合、当期に発生した欠損金は、翌期以降に課税されるべき所得から控除することができます。これを繰越欠損金といいます。欠損金は、翌期以降10年間（平成30年3月31日以前に開始した事業年度は9年間）繰り越すことができます。繰越欠損金の金額は、別表七㈠に記録します。なお、災害による損失については、白色申告の場合も10年間（平成30年3月31日以前に開始した事業年度は9年間）繰り越すことができます。

　中小法人等の場合、前期が黒字であれば、当期の欠損金を前期に繰戻して還付を受けることもできます。この制度を、欠損金の繰り戻し還付といいます。いずれも青色申告書を提出している法人であることが要件です。中小法人等とは、期末資本金等の額が1億円以下の普通法人（資本金の額等が5億円以上の大法人と完全支配関係にある法人を除く）等をいいます。

　前期以前が赤字で当期が黒字である場合、前期以前の欠損金については、当期の所得の一定割合を限度として、所得から控除することができます。ちなみに、中小法人等の控除限度額は、所得の100％です。当期控除額及び控除限度額の計算は、設例のナカムラ商事㈱の書式

（222ページ）のとおり、別表七㈠で行います。別表七㈠で計算した当期控除額は、別表四の「欠損金又は災害欠損金等の当期控除額」欄に転記します。控除しきれず翌期繰越額があれば、別表一㈠の「翌期へ繰り越す欠損金又は災害欠損金」欄にその金額を記載します。

■■ 債権の回収が困難になった場合

　もし得意先が倒産してしまった場合、売掛金や手形など金銭債権が残っていれば、回収できない可能性が高くなります。回収できなくなった債権は、そのまま会社の損失になります。このような不良債権による将来のリスクに備え、回収の見込みの少ない金額を貸倒引当金として経費に計上する場合があります。

　法人税法上、回収不能に陥るリスクの高い債権を「個別評価金銭債権」といいます。引当金計上については、債権の状態を大きく３つに区分し、個別に限度額が設けられます。たとえば民事再生手続きの申立中の債権や手形交換所の取引停止処分を受けた手形の場合、債権金額の50％が引当金計上の限度額です。限度額は別表十一㈠（223ページ）で計算し、限度額を超えている場合は、別表四の加算項目へ追加します。設例の㈱緑商会の場合、50万円の限度額を超えていないため、調整計算の必要はありません。その他のリスクの低い債権は「一括評価金銭債権」といいます。一括評価金銭債権についても、一定限度額まで引当金の計上が認められています。書式の掲載はありませんが、一括評価金銭債権については別表十一（一の二）を作成します。

　以上が貸倒引当金の取扱いですが、実は、法人税法上は、原則的に貸倒引当金の損金算入は認められていません。平成24年４月１日以後に開始する事業年度より段階的に縮小され、平成27年４月１日以後に開始する事業年度以後は完全に廃止されました。ただし、資本金1億円以下の中小法人（資本金５億円以上の大法人に完全支配されていないもの）、銀行、保険会社など一定の法人に限り、損金算入限度額ま

での貸倒引当金を特別に認めています。

■■ 留保金課税が適用される場合

215ページの別表二で「特定同族会社」と判定された場合に、留保金課税がかかるかどうかの判定と、留保金課税の税額の計算を別表三㈠で行います。㈱緑商会の場合は資本金1億円以下であるため特定同族会社の要件を満たしません。設定を変更して、ナカムラ商事㈱の場合の書式（224ページ）で見ていきましょう。

留保金とは、会社が稼いだ利益のうち、配当として株主等に分配せずに内部に貯めたお金のことをいいます。法人税法上では、別表四「処分」欄の「②留保」の合計をベースにして、別表三の「当期留保金額の計算」欄で留保金額を計算します。

まず、別表四一番下「48の②」の金額を「留保所得金額」欄へ転記します。しかし、ここにはまだ流出していないお金があります。当期の法人税・法人住民税と当期の配当です。見込み計算になりますが、これらの金額を差し引きます。反対に、前期の配当の支払いがあった場合は、足し戻します。加減算後の金額が「当期留保金額」となります。

特定同族会社の留保金額のうち、一定限度額までは課税されないことになっています。限度額のことを「留保控除額」といいます。留保控除額は、大雑把な説明になりますが、資本金等の4分の1から会社の純資産を構成する利益積立金を引いた差額（積立金基準額）、年2000万円（定額基準額）、法人所得の40％（所得基準額）の3つの金額のうち、いずれか多い金額です。いずれも法人税法上の金額なので、別表四・五㈠の金額をもとに計算します。

当期留保金額から留保控除額を差し引いて、「課税留保金額」を計算します。留保金に対する税率は、年3000万円以下は10％、3000万円超1億円以下の部分は15％、1億円超の部分は20％です。計算した金額は別表一㈠「留保金」欄へ転記します。

書式 法人税申告書 別表一（一）

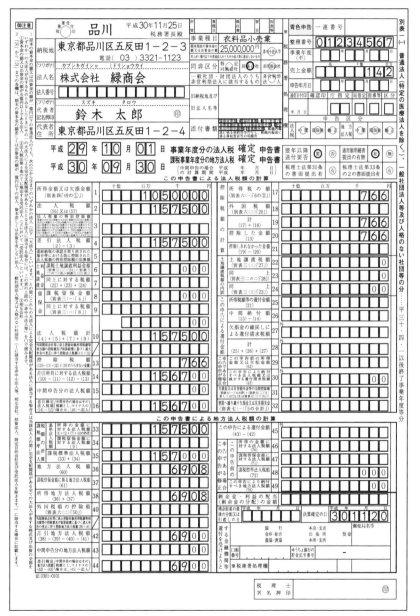

第8章 ◆ 法人税申告書、決算書作成のしかた

別表一（一）次葉

| 事業年度等 | 29・10・1 〜 30・9・30 | 法人名 | 株式会社 緑商会 |

別表一（一）次葉　平三十・四・一以後終了事業年度等分

外国関係会社等に係る控除対象所得税額等相当額等の控除額及び仮装経理に基づく過大申告の更正に伴う控除法人税額等の内訳

法人税	外国関係会社等に係る控除対象所得税額等相当額の控除額（別表十七（三の十二）「3」）	11		地方法人税	外国関係会社等に係る控除対象所得税額等相当額の控除額（別表十七（三の十二）「4」と(38)のうち少ない金額）	39	
	仮装経理に基づく過大申告の更正に伴う控除法人税額	12			仮装経理に基づく過大申告の更正に伴う控除地方法人税額	41	

法　人　税　額　の　計　算

中小法人等の場合	(1)の金額又は800万円×$\frac{12}{12}$相当額のうち少ない金額	50	1,050,000	(50)の　15　％　相　当　額	54	157,500
	(1)のうち年800万円相当額を超える金額 (1) － (50)	51	000	(51)の 23.4 % 又は 23.2 %相当額	55	
	所　得　金　額 (50) ＋ (51)	52	1,050,000	法　人　税　額 (54) ＋ (55)	56	157,500
その他の法人の場合	所　得　金　額 (1)	53	000	法　人　税　額 ((53)の23.4%又は23.2%相当額)	57	

地　方　法　人　税　額　の　計　算

所得の金額に対する法人税額 (33)	58	157,000	(58)の 4.4 % 相 当 額	60	6,908
課税留保金額に対する法人税額 (34)	59	000	(59)の 4.4 % 相 当 額	61	

この申告が修正申告である場合の計算

法人税額の計算	この申告前の	所得金額又は欠損金額	62		地方法人税額の計算	この申告前の	所得の金額に対する法人税額	70	
		課税土地譲渡利益金額	63				課税留保金額に対する法人税額	71	
		課税留保金額	64				課税標準法人税額 (70) ＋ (71)	72	000
		法　人　税　額	65				確定地方法人税額	73	
		還　付　金　額	66	外			中　間　還　付　額	74	
	この申告により納付すべき法人税額又は減少する還付請求税額 ((16)－(65))若しくは((16)＋(66))又は((66)－(29))	67	外 00			欠損金の繰戻しによる還付金額	75	
	この申告前の	欠損金又は災害損失金等の当期控除額	68				この申告により納付すべき地方法人税額 ((44)－(73))若しくは((44)＋(74)＋(75))又は((74)－(45))＋((75)－(45の外書))	76	00
		翌期へ繰り越す欠損金又は災害損失金	69						

法　0301－0101－次

別表二

同族会社等の判定に関する明細書

事業年度又は連結事業年度: 29・10・1 〜 30・9・30
法人名: 株式会社 緑商会

別表二 平三十・四・一以後終了事業年度又は連結事業年度分

同族会社の判定

項目	番号	金額・割合
期末現在の発行済株式の総数又は出資の総額	1	内 500
(19)と(21)の上位3順位の株式数又は出資の金額	2	500
株式数等による判定 (2)/(1)	3	100.0 %
期末現在の議決権の総数	4	内
(20)と(22)の上位3順位の議決権の数	5	
議決権の数による判定 (5)/(4)	6	%
期末現在の社員の総数	7	
社員の3人以下及びこれらの同族関係者の合計人数のうち最も多い数	8	
社員の数による判定 (8)/(7)	9	%
同族会社の判定割合 ((3)、(6)又は(9)のうち最も高い割合)	10	100.0

特定同族会社の判定

項目	番号	割合
(21)の上位1順位の株式数又は出資の金額	11	
株式数等による判定 (11)/(1)	12	%
(22)の上位1順位の議決権の数	13	
議決権の数による判定 (13)/(4)	14	%
(21)の社員の1人及びその同族関係者の合計人数のうち最も多い数	15	
社員の数による判定 (15)/(7)	16	%
特定同族会社の判定割合 ((12)、(14)又は(16)のうち最も高い割合)	17	%

判定結果 18: 特定同族会社 / **同族会社** / 非同族会社

判定基準となる株主等の株式数等の明細

順位 株式数等/議決権数	判定基準となる株主(社員)及び同族関係者		判定基準となる株主等との続柄	株式数又は出資の金額等			
				被支配会社でない法人株主等		その他の株主等	
	住所又は所在地	氏名又は法人名		株式数又は出資の金額 19	議決権の数 20	株式数又は出資の金額 21	議決権の数 22
1	東京都品川区五反田1-2-4	鈴木 太郎	本人			500	

法 0301-0200

別表四（簡易様式）

所得の金額の計算に関する明細書（簡易様式）

事業年度：29・10・1 〜 30・9・30
法人名：株式会社 緑商会

区　分		総額 ①	処分		
			留保 ②	社外流出 ③	
当期利益又は当期欠損の額	1	636,145 円	636,145 円	配当	
				その他	
加算	損金経理をした法人税及び地方法人税（附帯税を除く。）	2			
	損金経理をした道府県民税及び市町村民税	3			
	損金経理をした納税充当金	4	400,000	400,000	
	損金経理をした附帯税（利子税を除く。）、加算金、延滞金（延納分を除く。）及び過怠税	5			その他
	減価償却の償却超過額	6	17,889	17,889	
	役員給与の損金不算入額	7			その他
	交際費等の損金不算入額	8			その他
		9			
		10			
	小計	11	417,889	417,889	
減算	減価償却超過額の当期認容額	12			
	納税充当金から支出した事業税等の金額	13	4,800	4,800	
	受取配当等の益金不算入額（別表八（一）「13」又は「26」）	14			※
	外国子会社から受ける剰余金の配当等の益金不算入額（別表八（二）「26」）	15			※
	受贈益の益金不算入額	16			※
	適格現物分配に係る益金不算入額	17			※
	法人税等の中間納付額及び過誤納に係る還付金額	18			
	所得税額等及び欠損金の繰戻しによる還付金額等	19			※
		20			
	小計	21	4,800	4,800	
仮計 (1)+(11)-(21)		22	1,049,234	1,049,234	外※ その他
関連者等に係る支払利子等の損金不算入額（別表十七（二の二）「25」又は「30」）		23			その他
超過利子額の損金算入額（別表十七（二の三）「10」）		24	△		※
仮計 ((22)から(24)までの計)		25	1,049,234	1,049,234	外※ その他
寄附金の損金不算入額（別表十四（二）「24」又は「40」）		26			その他
法人税額から控除される所得税額（別表六（一）「6の③」）		29	766		その他 766
税額控除の対象となる外国法人税の額（別表六（二の二）「7」）		30			その他
外国関係会社等に係る控除対象所得税額等相当額（別表十七（三の十）「1」）		31			※
合計 (25)+(26)+(29)+(30)+(31)		34	1,050,000	1,049,234	外※ 766
契約者配当の益金算入額（別表九（一）「13」）		35			
中間申告における繰戻しによる還付に係る災害損失欠損金額の益金算入額		37			※
非適格合併又は残余財産の全部分配等による移転資産等の譲渡利益額又は譲渡損失額		38			※
差引計 (34)+(35)+(37)+(38)		39	1,050,000	1,049,234	外※ 766
欠損金又は災害損失金等の当期控除額（別表七（一）「4の計」＋別表七（二）「9」若しくは「21」又は別表七（三）「10」）		40	△		※ △
総計 (39)+(40)		41	1,050,000	1,049,234	外※ 766
新鉱床探鉱費又は海外新鉱床探鉱費の特別控除額（別表十（三）「43」）		42	△		※
残余財産の確定の日の属する事業年度に係る事業税の損金算入額		48		△	
所得金額又は欠損金額		49	1,050,000	1,049,234	外※ 766

法 0301-0402

別表五（一）

利益積立金額及び資本金等の額の計算に関する明細書

事業年度：29・10・1 〜 30・9・30
法人名：株式会社 緑商会

I 利益積立金額の計算に関する明細書

区分		期首現在利益積立金額 ①	当期の減 ②	当期の増 ③	差引翌期首現在利益積立金額 ①−②+③ ④
利益準備金	1	円	円	円	円
別途積立金	2	2,000,000			2,000,000
減価償却超過額	3			17,889	17,889
	4				
	5				
	6				
	7				
	8				
	9				
	10				
	11				
	12				
	13				
	14				
	15				
	16				
	17				
	18				
	19				
	20				
	21				
	22				
	23				
	24				
	25				
繰越損益金（損は赤）	26	1,120,000	1,120,000	1,756,145	1,756,145
納税充当金	27	202,300	202,300	400,000	400,000
未納法人税等	未納法人税及び未納地方法人税（附帯税を除く。） 28	△15,000	△15,000	中間 △ 確定 △163,600	△163,600
	未納道府県民税（均等割額を含む。） 29	△182,500	△182,500	中間 △ 確定 △200,200	△200,200
	未納市町村民税（均等割額を含む。） 30	△	△	中間 △ 確定 △	△
差引合計額	31	3,124,800	1,124,800	1,810,234	3,810,234

II 資本金等の額の計算に関する明細書

区分		期首現在資本金等の額 ①	当期の減 ②	当期の増 ③	差引翌期首現在資本金等の額 ①−②+③ ④
資本金又は出資金	32	25,000,000 円	円	円	25,000,000 円
資本準備金	33	5,000,000			5,000,000
	34				
	35				
差引合計額	36	30,000,000			30,000,000

御注意
1 この表は、通常の場合には次の算式により検算ができます。
　期首現在利益積立金額合計「31」①
　＋別表四留保所得金額又は欠損金額「49」
　−中間分、確定分法人税県市民税の合計額
　＝差引翌期首現在利益積立金額合計「31」④

2 発行済株式又は出資のうちに二以上の種類の株式がある場合には、法人税法施行規則別表五（一）付表（別表五（一）付表）の記載が必要となりますので御注意ください。

法 0301−0501

別表五（二）

租税公課の納付状況等に関する明細書

事業年度: 29・10・1 〜 30・9・30
法人名: 株式会社 緑商会

別表五(二) 平三十・四・一以後終了事業年度分

税目及び事業年度				期首現在未納税額 ①	当期発生税額 ②	当期中の納付税額 充当金取崩しによる納付 ③	当期中の納付税額 仮払経理による納付 ④	当期中の納付税額 損金経理による納付 ⑤	期末現在未納税額 ①+②-③-④-⑤ ⑥
法人税及び地方法人税	・ ・		1	円		円	円	円	円
	28・10・1 〜 29・9・30		2	15,000		15,000			0
	当期分	中間	3		円				
		確定	4		163,600				163,600
	計		5	15,000	163,600	15,000			163,600
道府県民税	・ ・		6						
	28・10・1 〜 29・9・30		7	182,500		182,500			0
	当期分	中間	8						0
		確定	9		200,200				200,200
	計		10	182,500	200,200	182,500			200,200
市町村民税	・ ・		11						
	・ ・		12						
	当期分	中間	13						
		確定	14						
	計		15						
事業税	・ ・		16						
	28・10・1 〜 29・9・30		17		4,800	4,800			0
	当期中間分		18						
	計		19		4,800	4,800			0
その他	損金算入のもの	利子税	20						
		延滞金（延納に係るもの）	21						
		印紙税	22		160,000			160,000	0
			23						
	損金不算入のもの	加算税及び加算金	24						
		延滞税	25						
		延滞金（延納分を除く。）	26						
		過怠税	27						
		源泉所得税	28		766			766	0
			29						

納税充当金の計算

期首納税充当金	30	202,300 円	
繰入額 損金経理をした納税充当金	31	400,000	
	32		
計 (31)+(32)	33	400,000	
取崩額 法人税額等 (5の③)+(10の③)+(15の③)	34	197,500	
事業税 (19の③)	35	4,800	

その他			
取崩額 損金算入のもの	36		円
損金不算入のもの	37		
	38		
仮払税金消却	39		
計 (34)+(35)+(36)+(37)+(38)+(39)	40	202,300	
期末納税充当金 (30)+(33)-(40)	41	400,000	

法 0301－0502

別表六（一）

③ 所得税額の控除に関する明細書

事業年度 29.10.1 〜 30.9.30　法人名 株式会社 緑商会

別表六（一）　平三十・四・一以後終了事業年度分

御注意
「1」から「5」までの「②」及び「③」の各欄並びに「8」の額の確保に関する特別措置法第33条第2項の規定の適用がある場合には、「14」及び「21」の各欄は、法人の各事業年度において、東日本大震災からの復興のための施策を実施するために必要な財源の確保に関する特別措置法第33条第2項の規定により所得税額とみなされる復興特別所得税の額を含めて記載します。

区　分		収入金額 ①	①について課される所得税額 ②	②のうち控除を受ける所得税額 ③
公社債及び預貯金の利子、合同運用信託、公社債投資信託及び公社債等運用投資信託の収益の分配並びに特定目的信託の社債的受益権の金銭の分配	1	5,000 円	766 円	766 円
剰余金の配当、利益の配当、剰余金の分配及び金銭の分配（みなし配当等を除く。）	2			
集団投資信託（合同運用信託、公社債投資信託及び公社債等運用投資信託を除く。）の収益の分配	3			
割引債の償還差益	4			
その他	5			
計	6	5,000	766	766

剰余金の配当、利益の配当、剰余金の分配及び金銭の分配（みなし配当等を除く。）、集団投資信託（合同運用信託、公社債投資信託及び公社債等運用投資信託を除く。）の収益の分配又は割引債の償還差益に係る控除を受ける所得税額の計算

個別法による場合

銘柄	収入金額	所得税額	配当等の計算期間	⑨のうち元本所有期間	所有期間割合 ⑩（小数点以下3位未満切上げ）	控除を受ける所得税額 ⑧×⑪
	7 円	8 円	9　月	10　月	11	12 円

銘柄別簡便法による場合

銘柄	収入金額	所得税額	配当等の計算期末の所有元本数等	配当等の計算期首の所有元本数等	⑮−⑯ 2又は12 マイナスの場合は0	所有元本割合 ⑯+⑰/⑮（小数点以下3位未満切上げ）（1を超える場合は1）	控除を受ける所得税額 ⑭×⑱
	13 円	14 円	15	16	17	18	19 円

その他に係る控除を受ける所得税額の明細

支払者の氏名又は法人名	支払者の住所又は所在地	支払を受けた年月日	収入金額 20	控除を受ける所得税額 21	参考
		平　．．	円	円	
		平　．．			
		平　．．			
		平　．．			
計					

法 0301-0601

別表十五

① 交際費等の損金算入に関する明細書

事業年度	29・10・1 ～ 30・9・30	法人名	株式会社 緑商会

			円			円
支出交際費等の額 （8 の 計）	1	450,000		損金算入限度額 (2)又は(3)	4	450,000
支出接待飲食費損金算入基準額 （9 の 計）× $\frac{50}{100}$	2	150,000				
中小法人等の定額控除限度額 (1)の金額又は800万円 × $\frac{12}{12}$ 相当額のうち少ない金額	3	450,000		損金不算入額 (1)－(4)	5	0

支出交際費等の額の明細

科　　目	支　出　額	交際費等の額から控除される費用の額	差引交際費等の額	(8)のうち接待飲食費の額
	6	7	8	9
	円	円	円	円
交　際　費	600,000	150,000	450,000	300,000
計	600,000	150,000	450,000	300,000

法 0301－1500

別表十六（二）

旧定率法又は定率法による減価償却資産の償却額の計算に関する明細書

事業年度又は連結事業年度: 29・10・1 〜 30・9・30
法人名: 株式会社 緑商会

資産区分		種類	1	車両運搬具	工具器具備品				別表十六（二） 平三十・四・一以後終了事業年度又は連結事業年度分
		構造	2		事務機器				
		細目	3	自動車	複合機				
	取得年月日		4	平27・9・20	平29・4・10	・ ・	・ ・	・ ・	
	事業の用に供した年月		5	平成27年9月	平成29年4月	年 月	年 月	年 月	
	耐用年数		6	6年	5年	年	年	年	
取得価額	取得価額又は製作価額		7	3,000,000円	1,000,000円	外 円	外 円	外 円	4000000
	圧縮記帳による積立金計上額		8						
	差引取得価額(7)−(8)		9	3,000,000	1,000,000				4000000
償却額計算の対象となる期末現在の帳簿記載金額			10	847,631	480,000				1327,631
期末現在の積立金の額			11						
積立金の期中取崩額			12						
差引帳簿記載金額 (10)−(11)−(12)			13	外△ 847,631	外△ 480,000	外△	外△	外△	1327,631
損金に計上した当期償却額			14	450,000	320,000				770,000
前期から繰り越した償却超過額			15	外	外	外	外	外	
合計 (13)+(14)+(15)			16	1297,631	800,000				2097,631
前期から繰り越した特別償却不足額又は合併等特別償却不足額			17						
償却額計算の基礎となる金額 (16)−(17)			18	1297,631	800,000				2097,631
平成19年3月31日以前取得分		差引取得価額×5% (9)×5/100	19						
	旧定率法の償却率		20						
	(18)>(19)の場合	算出償却額 (18)×(20)	21	円	円	円	円	円	
		増加償却額 (21)×割増率	22	( )	( )	( )	( )	( )	
		計 (21)+(22) 又は((18)−(19))	23						
	(18)≦(19)の場合	算出償却額 ((19)−1円)×12/60	24						
平成19年4月1日以後取得分		定率法の償却率	25	0.333	0.400				
		調整前償却額 (18)×(25)	26	432,111円	320,000円	円	円	円	752,111
		保証率	27	0.09911	0.10800				
		償却保証額 (9)×(27)	28	297,330	108,000				405,330
	(26)<(28)の場合	改定取得価額	29						
		改定償却率	30						
		改定償却額 (29)×(30)	31	円	円	円	円	円	
		増加償却額 ((26)又は(31))×割増率	32	( )	( )	( )	( )	( )	
		計 ((26)又は(31))+(32)	33	432,111	320,000				752,111
当期分の普通償却限度額等 (23)、(24)又は(33)			34	432,111	320,000				752,111
当期分の償却限度額	特に租税特別措置法適用条項		35	条 項	条 項	条 項	条 項	条 項	
	特別償却限度額		36	外 円	外 円	外 円	外 円	外 円	
	前期から繰り越した特別償却不足額又は合併等特別償却不足額		37						
	合計 (34)+(36)+(37)		38	432,111	320,000				752,111
当期償却額			39	450,000	320,000				770,000
差引	償却不足額 (38)−(39)		40						
	償却超過額 (39)−(38)		41	17,889					17,889
償却超過額	前期からの繰越額		42	外	外	外	外	外	
	当期損金認容額	償却不足によるもの	43						
		積立金取崩しによるもの	44						
	差引合計翌期への繰越額 (41)+(42)−(43)−(44)		45	17,889					17,889
特別償却不足額	翌期に繰り越すべき特別償却不足額 ((40)−(36))と((36)+(37))のうち少ない金額)		46						
	当期において切り捨てる特別償却不足額又は合併等特別償却不足額		47						
	差引翌期への繰越額 (46)−(47)		48						
	翌期繰越額の内訳	平・・ 平・・	49						
		当期分不足額	50						
適格組織再編成により引き継ぐべき合併等特別償却不足額 ((40)−(36))と(36)のうち少ない金額)			51						

備考

法 0301−1602

書式　別表七（一）

⑤ 欠損金又は災害損失金の損金算入等に関する明細書

事業年度	29・12・1 ～ 30・11・30	法人名	ナカムラ商事㈱

控除前所得金額 (別表四「39の①」) - (別表七(二)「9」又は「21」)	1	45,000,000 円	所得金額控除限度額 (1) × 50 または 55 または 100 / 100	2	24,750,000 円

別表七(一) 平三十・四・一以後終了事業年度分

事業年度	区　分	控除未済欠損金額 3	当期控除額 (当該事業年度の(3)と((2)－当該事業年度前の(4)の合計額))のうち少ない金額 4	翌期繰越額 ((3)－(4))又は(別表七(三)「15」) 5
・・	青色欠損・連結みなし欠損・災害損失	円	円	円
・・	青色欠損・連結みなし欠損・災害損失			
・・	青色欠損・連結みなし欠損・災害損失			
・・	青色欠損・連結みなし欠損・災害損失			
・・	青色欠損・連結みなし欠損・災害損失			
24・12・1 ～ 25・11・30	(青色欠損)・連結みなし欠損・災害損失	1,000,000	1,000,000	0
25・12・1 ～ 26・11・30	(青色欠損)・連結みなし欠損・災害損失	2,000,000	2,000,000	0
26・12・1 ～ 27・11・30	(青色欠損)・連結みなし欠損・災害損失	300,000	300,000	0
27・12・1 ～ 28・11・30	(青色欠損)・連結みなし欠損・災害損失	500,000	500,000	0
28・12・1 ～ 29・11・30	(青色欠損)・連結みなし欠損・災害損失	200,000	200,000	0
	計	4,000,000	4,000,000	0

当期分	欠損金額 (別表四「49の①」)		欠損金の繰戻し額	
	同上のうち	災害損失金		
		青色欠損金		
	合　計			0

災害により生じた損失の額の計算

災害の種類		災害のやんだ日又はやむを得ない事情のやんだ日	・・
災害を受けた資産の別	棚卸資産 ①	固定資産 (固定資産に準ずる繰延資産を含む。) ②	計 ①＋② ③

当期の欠損金額 (別表四「49の①」)	6			円
災害により生じた損失の額	資産の滅失等により生じた損失の額	7	円	円
	被害資産の原状回復のための費用等に係る損失の額	8		
	被害の拡大又は発生の防止のための費用に係る損失の額	9		
	計 (7)＋(8)＋(9)	10		
保険金又は損害賠償金等の額	11			
差引災害により生じた損失の額 (10) － (11)	12			
同上のうち所得税額の還付又は欠損金の繰戻しの対象となる災害損失金額	13			
中間申告における災害損失欠損金の繰戻し額	14			
繰戻しの対象となる災害損失欠損金額 ((6の③)と((13の③)－(14の③))のうち少ない金額)	15			
繰越控除の対象となる損失の額 ((6の③)と((12の③)－(14の③))のうち少ない金額)	16			

法　0301－0701

書式 別表十一 (一)

個別評価金銭債権に係る貸倒引当金の損金算入に関する明細書		事業年度又は連結事業年度	29・10・1 30・9・30	法人名	株式会社 緑商会			計
債務者	住所又は所在地	1	東京都練馬区 ○-X					
	氏名又は名称 (外国政府等の別)	2	山田衣料(株) (　　　)	(　　　)	(　　　)	(　　　)		
	個別評価の事由	3	令第96条第1項 第 3 号 該当	令第96条第1項 第　号 該当	令第96条第1項 第　号 該当	令第96条第1項 第　号 該当		
	同上の発生時期	4	平29・7・30	平・・	平・・	平・・		
繰入限度額等の見込額の計算	当期繰入額	5	500,000 円	円	円	円		500,000 円
	個別評価金銭債権の額	6	1,000,000					1,000,000
	(6)のうち5年以内に弁済される金額 (令第96条第1項第1号に該当する場合)	7						
	(6)のうち取立て等の見込額 担保権の実行による取立て等の見込額	8						
	他の者の保証による取立て等の見込額	9						
	その他による取立て等の見込額	10						
	(8)+(9)+(10)	11						
	(6)のうち実質的に債権とみられない部分の金額	12						
	(6)-(7)-(11)-(12)	13	1,000,000					
	繰入限度額 令第96条第1項第1号該当 (13)	14						円
	令第96条第1項第2号該当 (13)	15						
	令第96条第1項第3号該当 (13)×50%	16	500,000					500,000
	令第96条第1項第4号該当 (13)×50%	17						
	繰入限度超過額 (5)-((14)、(15)、(16)又は(17))	18	0					0
貸倒実績率の計算の基礎となる金額の明細	貸倒による損失の額等の合計額に加える金額 ((6)の個別評価金銭債権が売掛債権等である場合の (5)と((14)、(15)、(16)又は(17))のうち少ない金額)	19						
	前期の個別評価金銭債権の額 (前期の(6))	20						
	(20)の個別評価金銭債権が売掛債権等である場合の当該個別評価金銭債権に係る損金算入額 (前期の(19))	21						
	(21)に係る売掛債権等が当期において貸倒れとなった場合のその貸倒れとなった金額	22						
	(21)に係る売掛債権等が当期においても個別評価の対象となった場合のその対象となった金額	23						
	(22)又は(23)に金額の記載がある場合の(21)の金額	24						

法 0301-1101

書式　別表三（一）

特定同族会社の留保金額に対する税額の計算に関する明細書

事業年度: 29・12・1 〜 30・11・30
法人名: ナカムラ商事㈱
別表三（一）　平三十・四・一以後終了事業年度分

留保金額に対する税額の計算

課税留保金額			税額		
年3,000万円相当額以下の金額 ((18)又は(3,000万円×12分の12)のいずれか少ない金額)	1	12,220,000円	(1)の10％相当額	5	1,222,000円
年3,000万円相当額を超え年1億円相当額以下の金額 (((18)−(1))又は(1億円×12分の12−(1)))のいずれか少ない金額	2	000	(2)の15％相当額	6	
年1億円相当額を超える金額 (18)−(1)−(2)	3	000	(3)の20％相当額	7	
計 (18) (1)+(2)+(3)	4	12,220,000	計 (5)+(6)+(7)	8	1,222,000

課税留保金額の計算

当期留保金額の計算				住民税額の計算の基礎となる法人税額			
留保所得金額 (別表四「49の②」＋連結法人間配当等の当期支払額−連結法人間配当等の当期受取額)	9	44,000,000円		中小企業者以外の法人 ((別表一(一)「2」+「5」+「7」+「10の外書」)−「12」−「18」)−別表六(十一)「23」−別表六(十二)「17」−別表六(十三)「22」−別表六(十四)「24」−別表六(十七)「21」−別表六(二十二)「23」−別表六(二十六)「28」−別表六(二十七)「12」)	19	9,594,000円
前期末配当等の額 (前期の(11))	10	1,000,000		大法人による完全支配関係がある中小企業者 ((別表一(一)「2」+「5」+「7」+「10の外書」)−「12」−「18」)−別表六(七)「18」−別表六(八)「10」−別表六(九)「12」−別表六(十一)「23」−別表六(十二)「17」−別表六(十三)「22」−別表六(十四)「24」−別表六(十七)「18」−「49」−別表六(二十一)「22」−別表六(二十二)「23」−別表六(二十三)「40」−別表六(二十四)「21」−別表六(二十六)「28」−別表六(二十七)「12」)	20	
当期末配当等の額	11	1,200,000				
法人税額及び地方法人税額 (別表一(一)「4」+「5」+「7」+「10の外書」)−「12」−「19」−「36」−「40」−「41」)	12	10,016,136				
住民税額 (25)	13	1,563,822				
外国関係会社等に係る控除対象所得税額等相当額 (別表十七(三の十二)「1」)	14		住民税額 ((19)又は(20))×16.3％	21	1,563,822
法人税額等の合計額 (12)+(13)−(14) (マイナスの場合は0)	15	11,579,958	特定寄附金を支出した場合	特定寄附金の額の合計額に係る控除額 (特定寄附金の額の合計額)×20％	22	
当期留保金額 (9)+(10)−(11)−(15)	16	32,220,042		調整地方税額に係る控除額 ((21)+(別表一(一)「12」+「18」)×16.3％)×20％	23	
留保控除額 (別表三(一)付表「28」)	17	20,000,000		住民税額から控除される金額 ((22)又は(23))のいずれか少ない金額	24	
課税留保金額 (16)−(17)	18	12,220,000		住民税額 (21)−(24)	25	1,563,822

法　0301−0301

書式　事業年度分の適用額明細書

様式第一　　　　　　　　　　　　　　　　　　　　　　　　　　　　　　　　　　　　FB4011

平成30年11月25日

品川　税務署長殿

自平成 29 年 10 月 01 日
至平成 30 年 09 月 30 日

事業年度分の適用額明細書
(当初提出分)・再提出分

当該適用額明細書を再提出する場合には、訂正箇所のみ記載するのでなく、すべての租税特別措置法について記載してください。

OCR入力用（この用紙は機械で読み取ります。折ったり汚したりしないでください。）

この用紙はとじこまないでください

納税地	東京都品川区五反田1-2-3　電話（03）3321-1123	整理番号	01234567
（フリガナ）	カブシキガイシャ　ミドリショウカイ	提出枚数	01 枚　うち 01 枚目
法人名	株式会社　緑商会	事業種目	衣料品小売業　業種番号 43
法人番号		提出年月日	平成　年　月　日
期末現在の資本金の額又は出資金の額	25000000	※税務署処理欄	
所得金額又は欠損金額	1050000		

租税特別措置法の条項	区分番号	適用額
第 42 条の3の2第 1 項第 1 号	00380	1050000
第　条　　　第　項第　号		
第　条　　　第　項第　号		
第　条　　　第　項第　号		
第　条　　　第　項第　号		
第　条　　　第　項第　号		
第　条　　　第　項第　号		
第　条　　　第　項第　号		
第　条　　　第　項第　号		
第　条　　　第　項第　号		
第　条　　　第　項第　号		
第　条　　　第　項第　号		
第　条　　　第　項第　号		
第　条　　　第　項第　号		
第　条　　　第　項第　号		
第　条　　　第　項第　号		

10 申告手続きについて知っておこう

申告納付期限は原則として決算日後2か月以内である

■■ 法人税の確定申告

　会社（法人）の利益に対する課税は、申告納税制度をとっています。この申告納税制度とは会社が自らその所得と税額を計算し、確定申告をして納付するという方法をいいます。そのため、各事業年度終了の日の翌日から2か月以内に、所轄の税務署長などに対し、確定した決算に基づき、その事業年度の課税標準である所得金額または欠損金額、法人税法により計算した法人税額等を記載した申告書を提出しなければなりません。法人税額は、確定申告書の提出期限までに納付しなければならないことになっています。これが、法人税の確定申告納付です。

　なお、法人税は、株主総会の承認を得た確定決算を基に計算しますが、会計監査人監査などの必要性から、2か月以内に決算が確定しない場合があります。このような場合には、届出書を提出し、1か月間の申告期限の延長をします。

■■ 中間申告をするケース

　会社（法人）事業年度が6か月を超える場合には、その事業年度開始の日以降6か月を経過した日から2か月以内に中間申告をしなければなりません。中間申告には、次の2つの方法があります。

① 　前年実績による予定申告

　前期事業年度の法人税の6か月換算額で申告する方法です。ただし、前期の法人税額×1/2が10万円以下の場合は予定申告納付の必要はありません。

② 　仮決算による中間申告

その事業年度開始の日から6か月の期間を一事業年度とみなして申告する方法です。

■■ 修正申告・更正と延滞税

申告した法人税が少なかった場合、正しい税額を申告し直すことが必要になってきます。この申告を修正申告といいます。税務調査などで誤りが指摘された場合、調査官から修正申告をするよう指示されます。万が一調査官の言い分に納得がいかない場合には、修正申告を拒否することもできます。しかし修正申告を拒否したからといって、追徴課税から免れられるわけではありません。この場合、税務署から更正処分を受ける可能性があります。

また、修正申告により税額が増額すると、延滞税等が課税される場合があります。延滞税とは、法定納期限の翌日から納付日までの日数に応じて徴収される、利息に相当する税金です。延滞した日数が2か月までの場合は年2.6％（平成30年度）、2か月を経過した日以後は年8.9％（平成30年度）の割合となります。

■■ 青色申告と白色申告

法人税の確定申告の仕方には、申告用紙の色に由来する「青色申告」と「白色申告」という2種類の申告形式があります。青色申告とは、一定の帳簿書類を備えて日々の取引を複式簿記の原則に従い整然かつ明瞭に記録し、その記録に基づいて申告することをいいます。白色申告とは、青色申告以外の申告を指します。簡易な方法による記帳が認められ、青色申告では必要とされる仕訳帳や総勘定元帳の作成は義務付けられません。

また、青色申告を提出していないと受けられない税制上のメリットがあります。欠損金を繰り越して所得から控除できるという制度や、欠損金の繰り戻し還付の制度（中小法人）は青色申告提出法人だけが

受けられる特典です。また、青色申告を提出している法人だけに適用される税額控除、特別償却の制度も多くあります。

■ 法人税を電子申告することもできる

　法人税の申告の方法は原則として、持参または郵送です。前述しましたが、法人の確定申告の申告期限及び納期限は事業年度終了の日の翌日から2か月以内です（申告期限が、土曜日・日曜日・国民の祝日、12月29日から翌年1月3日までの日の場合は、その翌日が期限になります）。

　申告書の提出日は、申告書が税務署に到達したときであると一般的に考えられています。郵送による申告書提出については特別な扱いがあり、郵便物の消印日で判断されます。

　なお、インターネットを活用すれば、電子証明書とカードリーダーがあれば税務署に行かなくても申告ができます。メッセージボックスに申告書やメッセージが格納されるのでとても便利です。

■ 法人税の申告納税方法

法人税の確定申告納付	事業年度終了の日の翌日から2か月以内に申告納付
法人税の中間申告納付	前年実績による予定申告 ……前事業年度の法人税の6か月換算額を申告納付 仮決算による中間申告 ……事業年度開始の日から6か月間を1事業年度とみなして申告納付
修正申告納付	申告した法人税が少なかった場合に正しい税額を申告納付

11 青色申告をするための手続きについて知っておこう

一定期限内に「青色申告の承認申請書」を提出する必要がある

■■ 青色申告の要件は２つある

　所得税では、青色申告することができる者を「不動産所得・事業所得・山林所得」を生ずべき業務を行う者に限定していますが、法人税については、業種を問わず、次ページ図の２つの要件を満たすことで青色申告をすることができるとされています。青色申告の承認を受けようとする法人は、その事業年度開始の日の前日までに、「青色申告承認申請書」（231ページ）を納税地の所轄税務署長に提出しなければなりません。

　ただし、設立第１期の場合には、設立の日以後３か月を経過した日と、設立第１期の事業年度終了の日とのどちらか早い日の前日までに申請書を提出することになっています。申請書を期限内に提出することができなかった場合、その事業年度は青色申告をすることができませんので注意が必要です。

　青色申告法人は、その資産・負債及び資本に影響を及ぼす一切の取引を複式簿記の原則に従い、整然かつ明瞭に記録し、その記録に基づいて決算を行わなければならないことになっています。また、青色申告法人は、仕訳帳・総勘定元帳・棚卸表その他必要な書類を備えなければならないことになっており、かつ、その事業年度終了の日現在において、貸借対照表及び損益計算書を作成しなければなりません。

　仕訳帳・総勘定元帳・棚卸表には、次の事項を記載します。
① 　仕訳帳：取引の発生順に、取引の年月日・内容・勘定科目及び金額
② 　総勘定元帳：その勘定ごとに取引の年月日・相手方勘定科目及び金額

③ 棚卸表：その事業年度終了の日の商品・製品等の棚卸資産の種類・品質及び型の異なるごとに数量・単価及び金額

■■ 青色申告法人と推計課税

　法人税法では、推計課税といって、税務署長の推測で税額を決めることができる規定があります。現行の申告納税制度は、納税者自らの計算のもとに実額で申告し、税を納付する制度です。

　このような実額のチェックが税務調査では不可能である場合に、間接資料に基づいて所得を推計し、更正・決定するというのがこの規定の趣旨です。したがって、適正な帳簿備付けを要件とする青色申告法人については推計課税により更正または決定をすることはできません。

　青色申告法人の更正は、その帳簿書類を調査し、その調査により申告に誤りがあると認められる場合に限られます。

　なお、決定とは、申告書を提出すべき人がその申告書を提出しなかった場合に、調査等により税務署長がその納付すべき税額を確定させる処分をいいます。決定は、決定通知書の送達により行われます。決定処分を行うことができるのは、原則として法定申告期限から5年間です。

■ 青色申告をするには

青色申告の承認を受けようとする法人		一定期限内に「青色申告の承認申請書」を提出

青色申告の要件

1　法定の帳簿書類を備え付けて取引を記録し、かつ保存すること
2　納税地の税務署長に青色申告の承認の申請書を提出して、予め承認を受けること

書式 青色申告承認申請書

青色申告の承認申請書

※整理番号

納税地	〒125-○○○○ 東京都葛飾区××○丁目○番○号 電話（03）○○○○-○○○○
（フリガナ）	カブシキガイシャ カー・シャイン・ボーイ
法人名等	株式会社カー・シャイン・ボーイ
法人番号	
（フリガナ）	クルマ センノスケ
代表者氏名	車 洗之助 ㊞
代表者住所	〒125-○○○○ 東京都葛飾区××○丁目○番○号
事業種目	自動車洗車サービス 業
資本金又は出資金額	2,000,000 円

平成 年 月 日

葛飾 税務署長殿

自平成 30 年 4 月 1 日
至平成 31 年 3 月 31 日

事業年度から法人税の申告書を青色申告によって提出したいので申請します。

記

1 次に該当するときには、それぞれ□にレ印を付すとともに該当の年月日等を記載してください。

□ 青色申告書の提出の承認を取り消され、又は青色申告書による申告書の提出をやめる旨の届出書を提出した後に再び青色申告書の提出の承認を申請する場合には、その取消しの通知を受けた日又は取りやめの届出書を提出した日　　平成　年　月　日

☑ この申請後、青色申告書を最初に提出しようとする事業年度が設立第一期等に該当する場合には、内国法人である普通法人若しくは協同組合等にあってはその設立の日、内国法人である公益法人等若しくは人格のない社団等にあっては新たに収益事業を開始した日又は公益法人等（収益事業を行っていないものに限ります。）に該当していた普通法人若しくは協同組合等にあっては当該普通法人若しくは協同組合等に該当することとなった日　　平成 30 年 4 月 1 日

□ 法人税法第4条の5第1項（連結納税の承認の取消し）の規定により連結納税の承認を取り消された後に青色申告書の提出の承認を申請する場合には、その取り消された日　　平成　年　月　日

□ 法人税法第4条の5第2項各号の規定により連結納税の承認を取り消された場合には、第4条の5第2項各号のうち、取消しの起因となった事実に該当する号及びその事実が生じた日　　第4条の5第2項　号　平成　年　月　日

□ 連結納税の取りやめの承認を受けた日を含む連結親法人事業年度の翌事業年度に青色申告書の提出をしようとする場合には、その承認を受けた日　　平成　年　月　日

2 参考事項
(1) 帳簿組織の状況

伝票又は帳簿名	左の帳簿の形態	記帳の時期	伝票又は帳簿名	左の帳簿の形態	記帳の時期
現金出納帳	装丁帳簿	毎日	総勘定元帳	装丁帳簿	毎日
売掛帳 買掛帳	ルーズリーフ	随時	仕訳帳	ルーズリーフ	毎日
手形帳	ルーズリーフ	随時			

(2) 特別な記帳方法の採用の有無
　　□ 伝票会計採用
　　☑ 電子計算機利用

(3) 税理士が関与している場合におけるその関与度合

税理士署名押印　　　　　　　　　　　　　　　　　㊞

※税務署処理欄	部門	決算期	業種番号	番号	入力	備考	通信日付印	年 月 日	確認印

規格A4

27.06 改正

12 法人住民税について知っておこう

道府県民税と市町村民税がある

■ 法人住民税とは

　会社が納める住民税を法人住民税といいます。個人住民税と同じく、法人住民税にも道府県民税と市町村民税があります。ただし、東京特別区だけに所在する法人には、区の分と合わせて法人都民税だけがかかります。法人住民税には、次の3つがあります。

　なお、平成26年10月1日以後開始する事業年度から、大都市と地方との格差を是正するため、法人住民税の一部を国税化した地方法人税が徴収されています（235ページ）。

① 　均等割

　法人所得の黒字、赤字を問わず資本金や従業員数等に応じて課税されるものです。道府県民税が最低2万円から5段階、市町村民税が最低5万円から9段階に分かれています。

② 　法人税割

　個人住民税における所得割に相当するもので、原則として国に納付する法人税額を基礎として課税されます。税率は、地方公共団体ごとに、「標準税率」（税率を定める場合に通常基準となる税率）と「制限税率」（最高税率のこと）の範囲内で定められています。国に納付する法人税額にこの税率を掛けて、税額が決まります。標準税率は、平成26年10月1日以後に開始する事業年度からは、道府県民税が3.2％、市町村民税が9.7％となっています。なお、2019年10月1日以後に開始する事業年度からは、道府県民税が1.0％、市町村民税が6.0％となり低減されますが、その一方で、後述する地方法人税率が上がりますので、これらの税率を合計すると増減はありません。

③ 利子割

　利子割とは、かつて預貯金の利子などを基礎として課税されていたものですが、平成28年1月以降は個人住民税（税率5％）だけになり、法人には課税されなくなりました。

　法人住民税は、原則としてその都道府県・市区町村に事務所・事業所・寮等を有している会社が納める税金です。都道府県・市区町村に事務所・事業所を有する会社は、均等割額・法人税割額の両方が課税されます。赤字の会社では法人住民税のうち均等割だけが発生します。

　また、都道府県・市区町村内に寮などを有する会社でその都道府県・市区町村内に事務所・事業所等を有していない場合も、均等割額のみが課税されます。

　なお、次のような場合は、市区町村への届出が必要です。市区町村内に法人を設立または事業所を設置した場合は「設立等届出書」を提出します。また、市区町村内に事業所等がある法人で、事業年度、名称、所在地、代表者、資本等の変更または法人の解散、清算結了、事業所の閉鎖等があったときは、「異動届出書」を提出する必要があります。「設立等届出書」「異動届出書」を提出する際は、登記事項証明書などの添付が必要です。

■ 法人住民税の申告納付期限

　法人住民税も法人税と同様に「申告納税制度」によりますので、確定申告書を作成し、提出しなければなりません。

　申告納付期限は、法人税と同様、各事業年度終了の日の翌日から2か月以内です。ただし、会計監査人の監査を受けるなどの理由で2か月以内に決算が確定しない場合には、事業年度終了の日までに申請書を提出すれば、原則として、1か月間申告期限を延長できます。

■■ 中間申告が必要な法人のケース

　法人住民税の場合は、個人住民税と異なり中間申告制度が設けられています。事業年度が6か月を超える法人については、事業年度開始の日以後6か月を経過した日から2か月以内に中間申告書を提出し、住民税を納付する必要があります。

　中間申告方法も、法人税と同様に仮決算と予定申告の2種類の方法があります。仮決算の場合は対象年度の前半期を1事業年度とみなして法人住民税を計算し、予定申告であれば前事業年度の法人住民税の2分の1を納付することになります。なお、中間申告書を提出しなかった場合は、予定申告をしたものとして、前年度の法人住民税の2分の1を納付することになります。ただし、法人税の中間申告義務がない場合は、法人住民税についても中間申告をする必要はありません。

■■ 複数の地域に営業所がある場合

　複数の都道府県や市町村に営業所などがある場合には、次のように法人税割を計算します。まず、当期の法人税額を各営業所の従業員の数で按分します。そして、各地方公共団体で定める税率をそれぞれ按分した法人税額に掛けて法人税割を求めます。均等割については、営業所が所在するそれぞれの都道府県や市区町村の定める均等割を納めます。

■ 法人住民税の概要

法人住民税	道府県民税	均等割額	資本金・従業員数等に応じて課税
		法人税割額	法人税額を基礎として課税
	市町村民税	均等割額	資本金・従業員数等に応じて課税
		法人税割額	法人税額を基礎として課税

Q 地方法人税とはどんな税金なのでしょうか。

A 平成26年10月1日以後開始する事業年度から、法人税の確定申告書のフォームが従来のものと大きく変わりました。その理由は、平成26年3月31日に「地方法人税」が創設されたためです。税目の名称に「地方」とつくため誤解しやすいかもしれませんが、地方法人税は国税です。

都道府県や市町村など各地方自治体は、住民税や固定資産税などの地方税を財源としています。人口の多い地域や会社・工場が多くある地域では税収は潤います。ところが、人口の少ない、過疎化地域では、財政が非常に厳しい状態に陥る場合もあります。このような地域間における財政の隔たりを解消するため、国から地方自治体へ地方交付税が配分されています。

地方法人税は、地域間の財政格差を縮小させる目的で、地方交付税の財源として創設された税金です。国が徴収して地方自治体へ交付する地方交付税の配分を増やす代わりに、地方自治体が徴収する法人住民税の一部が軽減されています。

法人税の納税義務のある法人はすべて、地方法人税の納税義務者となります。法人税を申告する事業年度ごとに、法人税額の4.4%（2019年10月1日以後に開始する事業年度は10.3%）が課税されます。申告期限は法人税と同じです。赤字法人など、納める法人税額がない場合にも、「0」と記入して提出する必要があります。法人税の中間申告をする必要がある法人については、地方法人税についても同様に中間申告書を提出します。

地方法人税が創設されると同時に、地方税も改正されています。法人住民税法人税割の税率合計は、創設された地方法人税率分だけ引き下げられています。

13 法人事業税について知っておこう

行政サービスの経費の一部を負担する性格の税金である

■■ 法人事業税とは

　法人事業税とは、都道府県に事務所・事業所または国内に恒久的な施設を有し、事業を行う法人に課税されるもので、法人が都道府県から受けるサービスの経費の一部を負担する性格の税金です。

　法人事業税が課税される根拠としては、法人がその事業活動を行うために、都道府県の各種行政サービスを受けていることから、これらに必要な経費を分担すべきであるという考え方に基づいています。一方、事業税を負担する法人側の処理としては、法人税などの課税所得計算において、一般の経費と同様に損金処理が認められています。

　法人事業税は、国内で事業を行う法人に課税されるものですが、国・都道府県・市区町村・公共法人には課税されません。また、公益法人等の公益事業に係る所得については、法人事業税が課税されませんが、公益法人等の収益事業については、普通法人と同じように法人事業税が課税されます。

　法人事業税の課税標準は、電気供給業・ガス供給業・生命保険事業・損害保険事業を行う法人については、その法人の各事業年度の収入金額が、それ以外の事業を行う一般の法人については、各事業年度の所得金額が課税標準になります。資本金・床面積等の外形を使う方法もありますが、通常は所得金額を課税標準とする方法をとっています。

■■ 法人事業税の計算方法

　法人事業税の課税標準である各事業年度の所得金額は、法人税申告書「別表四」の「総計」の所得金額に一定の金額を加減算して求め、

その所得金額に次の標準税率を乗じて法人事業税を計算します。

一般法人の標準税率は、平成26年10月1日以後に開始する事業年度では、所得が年400万円以下では3.4％、年400万円超800万円以下では5.1％、年800万円超では6.7％となっています。事業税は地方税であることから、各都道府県が条例で定めた規定によって課されるため、資本金の額や所得金額などに応じて税率が異なります。ただし、標準税率に1.2を乗じた税率の範囲内でしか適用することができません。

なお、2019年10月1日以後に開始する事業年度の標準税率は、所得が年400万円以下では5％、年400万円超800万円以下では7.3％、年800万円超では9.6％となります。

■■地方法人特別税とは

法人事業税の申告をする際には、同時に地方法人特別税の申告も行います。地方法人特別税とは、法人事業税の一部を分離して創設された国税です。企業の事業所が東京、大阪、愛知などの大都市に集中しているなどの理由から、地方事業税の徴収金額が都道府県ごとに偏りがあるため、法人事業税の一部を国税とすることによって、国が税収の少ない地方に再分配するというのが目的です。

地方法人特別税は、所得割額や収入割額に一定税率を掛けて計算します。税率は平成28年4月1日以後に開始する事業年度では、外形標準課税以外の法人が43.2％、外形標準課税法人が414.2％となっています。

なお、平成28年度税制改正により、消費税率10％への引き上げに合わせて2019年10月1日以後に開始する事業年度から地方法人特別税は廃止されることになっています。

■■いつ申告・納付するのか

法人事業税も確定申告書（240ページ）を作成して申告納付しなければなりません。申告納付期限は、各事業年度終了の日の翌日から2

か月以内です。

中間申告納付についても、その事業年度開始の日から6か月を経過した日から2か月以内に申告納付しなければなりません。法人税と同様に「予定申告」「仮決算」という2つの方法があります。

■ 外形標準課税とは

外形標準課税とは、事業所の床面積や従業員数、資本金の額など客観的な判断基準を基に課税する制度です。収入金額で課税される法人以外で、資本金の額が1億円を超える一定の法人に対して、この外形標準課税が適用されます。

外形標準課税では、法人の所得、付加価値額、資本金等の額の3つの金額を課税標準として、それぞれの課税標準に一定税率を掛けたものを合算して法人事業税を計算します。各事業年度の付加価値額は、各事業年度の収益配分額（給与や支払利子などの合計額）と単年度損益との合算により算定されます。資本金等の金額は、各事業年度終了の日における資本金の額と払い込まれた金銭のうち資本金に組み込まれなかった金額の合計額です。所得に税率を掛けたものを所得割、付加価値額に税率を掛けたものを付加価値割、そして資本金等の額に税率を掛けたものを資本割といいます。なお、付加価値割・資本割をあわせた部分のことを「外形課税」と呼ぶ場合もあります。

平成28年4月1日以後に開始する事業年度では、所得割に係る標準税率は、所得のうち400万円以下が0.3％、400万円超800万円以下が0.5％、800万円超が0.7％となっています。付加価値割に係る標準税率は1.2％、資本割に係る標準税率は0.5％が適用されます。

平成27年度の税制改正により、外形標準課税法人の税率が段階的に改正されました。改正では、所得割に対する外形課税（付加価値割及び資本割）の割合が拡大されています。地方法人特別税を含む所得割と外形課税との比率が平成27年度、28年度の2年間で3：1から1：

1へ移行されました。

　2019年10月1日以後に開始する事業年度における所得割の標準税率は、400万円以下が1.9％、400万円超800万円以下が2.7％、800万円超が3.6％となり、同時に地方法人特別税が廃止されることを考慮すると、実質的に軽減されています。一方で、外形課税部分は平成28年4月1日以後に開始する事業年度から付加価値割が1.2％、資本割が0.5％で頭打ちとなっています。

■ 地方税の申告はどのようにする

　東京都の場合、都民税および事業税の確定申告書（第6号様式）を都税事務所に提出することになります。これに対して、他の道府県では、道府県民税および事業税の確定申告書（第6号様式）を道府県税事務所に提出すると共に、市町村民税の確定申告書（第20号様式）を役所などに提出する必要があります。

　道府県民税（都民税）および事業税の確定申告書、市町村民税の確定申告書については基本的に添付書類の提出が求められていませんが、自治体によっては貸借対照表および損益計算書の提出を求めているところもありますので確認が必要です。

■ 法人事業税の外形標準課税

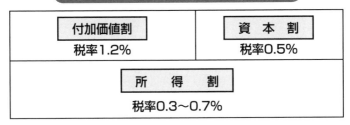

※平成28年4月1日以後2019年9月30日までに開始する事業年度

書式 事業税・都民税確定申告書

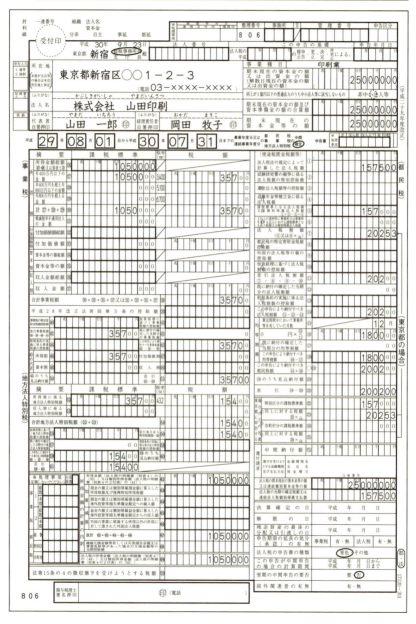

14 決算書作成のためにまず試算表を作成し、確認する

決算書を形作っていくためのたたき台になる

■■ 試算表の役割

　試算表とは、勘定科目別に集計した表形式の書類です。英語でトライアルバランス（T/B）ともいいます。経理担当者が地道に行ってきた仕訳作業の、最終チェックに用いるのが試算表です。そして試算表に集計された数字を一定の型式にあてはめたものが決算書です。つまり試算表は、決算書を形作っていくためのたたき台になります。

■ 帳簿から試算表を作成する

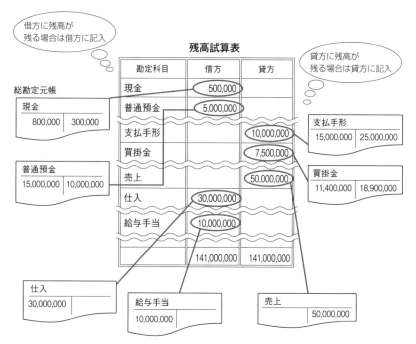

第8章 ◆ 法人税申告書、決算書作成のしかた

合計試算表と残高試算表

合計試算表
平成31年3月31日

借方	勘定科目	貸方
800,000	現金	300,000
15,000,000	普通預金	10,000,000
20,000,000	定期預金	
18,400,000	受取手形	9,000,000
19,700,000	売掛金	6,900,000
3,000,000	繰越商品	
350,000	未収入金	300,000
250,000	前払費用	
40,000,000	建物	
5,050,000	車両運搬具	50,000
2,000,000	什器備品	
15,000,000	支払手形	25,000,000
11,400,000	買掛金	18,900,000
150,000	未払金	220,000
	未払費用	150,000
400,000	預り金	750,000
500,000	短期借入金	5,500,000
1,200,000	長期借入金	31,200,000
	貸倒引当金	200,000
	減価償却累計額	27,600,000
	資本金	10,000,000
	売上	50,000,000
	受取利息	80,000
	雑収入	50,000
30,000,000	仕入	
10,000,000	給与手当	
200,000	福利厚生費	
250,000	接待交際費	
150,000	旅費交通費	
600,000	通信費	
230,000	消耗品費	
550,000	水道光熱費	
50,000	支払手数料	
70,000	租税公課	
220,000	保険料	
400,000	雑費	
280,000	支払利息	
196,200,000		196,200,000

残高試算表
平成31年3月31日

借方	勘定科目	貸方
500,000	現金	
5,000,000	普通預金	
20,000,000	定期預金	
9,400,000	受取手形	
12,800,000	売掛金	
3,000,000	繰越商品	
50,000	未収入金	
250,000	前払費用	
40,000,000	建物	
5,000,000	車両運搬具	
2,000,000	什器備品	
	支払手形	10,000,000
	買掛金	7,500,000
	未払金	70,000
	未払費用	150,000
	預り金	350,000
	短期借入金	5,000,000
	長期借入金	30,000,000
	貸倒引当金	200,000
	減価償却累計額	27,600,000
	資本金	10,000,000
	売上	50,000,000
	受取利息	80,000
	雑収入	50,000
30,000,000	仕入	
10,000,000	給与手当	
200,000	福利厚生費	
250,000	接待交際費	
150,000	旅費交通費	
600,000	通信費	
230,000	消耗品費	
550,000	水道光熱費	
50,000	支払手数料	
70,000	租税公課	
220,000	保険料	
400,000	雑費	
280,000	支払利息	
141,000,000		141,000,000

15 決算整理について知っておこう

正しい決算書を作成するための調整作業である

■ 1年間の成績を決算で明らかにする

　決算の手続きは、大きく分けて予備手続きと本手続きからなります。

　予備手続きでは、主に棚卸表の作成や帳簿記録が正しいものであるかどうかの確認など、財務諸表作成の前段階として必要な集計を行います。

　本手続きでは、決算整理と呼ばれる作業により帳簿記録に必要な手続きを行い、会計の最終目的である報告の準備（財務諸表の作成）を行います。決算日が到来して帳簿を締め切った段階では、実はまだ正確な決算書は作成できません。決算整理とは、決算日現在の勘定科目残高に「決算整理仕訳」または「決算修正仕訳」と呼ばれる仕訳を追加して、各勘定科目を当期の正しい金額に調整していく作業のことをいいます。決算整理の具体例としては、売上原価の計算、貸倒引当金など引当金の計上、費用・収益の見越し・繰延べ計上、減価償却費の計上などがあります。

■ 棚卸表の作成と作成上のポイント

　製品や商品、材料などを保有する会社は、決算において棚卸表を作成します。棚卸表とは、期末時点で会社に在庫として残っている商品や自社製品（以後「棚卸資産」と呼びます）の有り高とその金額を一覧表にしたものです。棚卸表を作成する目的は、当期の正確な売上原価を計算するためであり、決算整理のための準備作業といえます。また、勘定残高と実際有高とを照合するための表でもあります。

　棚卸表については、とくに決められたフォームはなく、会社の業態

に応じて任意に作成できます。一般的には品名、品番、単価、数量などを一覧で表示し、一番下に合計金額を記載するような形式となります。棚卸表は、いつ作成されたものであるが重要となりますので、「○月○日現在」と作成日の記載を忘れずに行うようにしましょう。

■■ 売上原価を計算する

　当期に仕入を行った金額の中には、実は翌期に販売する予定の商品の分も混在していることがあります。要するに棚卸資産です。反対に、前期の棚卸資産については、当期首以降に販売されています。つまり帳簿上の仕入勘定には前期分が入っていない代わりに、翌期分が混在してしまっているおそれがあるということです。

　しかし、売り上げた分に対応した仕入金額が表示されていなければ、正確な利益は計算できません。そこで、前期の棚卸資産の金額を当期の仕入に加え、当期末の棚卸資産の金額を仕入から除外する決算整理仕訳を行うことで、売上分に対応した仕入金額を計算します。

　このように、決算整理によって当期の売上に対応する金額に修正された仕入金額のことを、売上原価といいます。通常では、決算整理前の試算表における「商品」勘定には、前期末の棚卸表による残高が表示されています。これを当期末現在の棚卸表の金額に修正するために、たとえば期首商品残高が5,000円、期末の棚卸による商品残高が4,000円である場合、以下のような決算整理仕訳を計上していきます。

```
仕入 5,000 ／繰越商品 5,000
繰越商品 4,000 ／仕入 4,000
```

　ただし、実務上の損益計算書では、「期首商品棚卸高」「当期商品仕入高」「期末商品棚卸高」と3項目に分けて、売上原価の計算過程も表示するのが一般的になっています。

■ 貸倒引当金を計上する

　取引先が倒産して、売掛金や受取手形などの債権が回収できなくなる場合があります。回収できなくなってしまった債権は損失に振り替えるのですが、これを貸倒損失といいます。

　貸倒損失によるリスクに備え、損失となるかもしれない金額を予想して、あらかじめ計上しておく場合があります。このように、将来の損失に備えて計上するものを引当金といいます。貸倒れに対する引当金ですので、貸倒引当金という勘定科目を決算修正仕訳で追加します。

　貸倒引当金の設定は、簡単にいうと貸倒れになるかもしれない取引先から受けた債権金額を見積もって、債権残高からマイナスするという作業です。たとえば貸倒引当金を1,000円と見積もった場合、以下のような決算整理仕訳を行います。

貸倒引当金繰入 1,000 ／ 貸倒引当金 1,000

　「貸倒引当金繰入」額は費用に表示されます。つまり当期の利益を減少させる効果があります。一方、引当金は貸借対照表項目です。一般的に引当金勘定は負債に分類されるのですが、貸倒引当金の場合は「資産のマイナス勘定」として表示します。売掛金などの債権金額と対比させているというわけです。翌期首の処理としては、前期末に設定された引当金を以下の振替えにより取り消し、また期末に改めて設定し直すことになります。なお、「貸倒引当金戻入」とは、「貸倒引当金繰入」と裏表の関係の収益項目になります。

貸倒引当金 1,000 ／ 貸倒引当金戻入 1,000

■ 収益・費用の繰延べ

　収益や費用について当期の収益・費用として処理するか、あるいは翌期の収益・費用として処理するか、整理する必要があります。たとえば、期中に家賃3,000円を現金で受け取り、以下のような仕訳を行っていたとします。

(X1年 期中)

現金 3,000／受取家賃 3,000

しかし、この受取家賃が翌期に属すべき収益だった場合には、当期の収益として計上されるのは不適切です。このままだと、「受取家賃3,000円」という収益が、当期の収益として計上されてしまいます。そこで以下のような決算修正仕訳（収益の繰り延べ）を行います。

(X1年 期末)

受取家賃 3,000／前受収益 3,000

この仕訳により、期中に計上された「受取家賃3,000」という収益は相殺されることになります（当期の収益として計上されない）。

そして、翌期首に再振替仕訳を行うことで、「受取家賃」が翌期の収益として繰り延べられることになります。

■■ 収益・費用の見越し

当期の費用や収益でも、まだ支払いや収入がされていないものについては計上されていない可能性があります。このような費用・収益も決算整理仕訳で計上する必要があります。これを「見越し」計上といいます。費用の見越し計上について具体例で見てみると、たとえば期中に締結した銀行借入れに対する利息2,000円を、翌期に支払ったとします。まだ支払いをしていないので、試算表上ではこの費用はまだ計上していません。しかし、時の経過とともに借入れのサービスに対する利息が発生しており、実際には当期の費用としなければなりませんので、以下のような決算修正仕訳を行います。

(X1年 期末)

支払利息 2,000／未払利息 2,000

次に翌期の処理です。翌期に利息が支払われた場合、通常であれば支払時に以下の仕訳を行います。

(X2年 期中)

| 支払利息 2,000 ／現金 2,000 |

ところが、この支払利息は前年度の決算において既に計上されていますので、このままであれば重複計上となってしまいます。そこで、以下の振替仕訳を行うことで、当年度に計上された「支払利息2,000」という費用が相殺されることになります。

（X 2年 期首）

| 未払利息 2,000 ／支払利息 2,000 |

■■ 減価償却について

減価償却費の仕訳には、直接法と間接法の2つの方法があります。
（直接法）

| 減価償却費 50,000 ／車両運搬具 50,000 |

（間接法）

| 減価償却費 50,000 ／減価償却累計額 50,000 |

直接法と間接法の違いは、貸借対照表上の償却資産（減価償却される資産）の価額表示方法です。直接法の場合は、「車両運搬具」という固定資産が直接減額され、期末の貸借対照表では減価償却後の「車両運搬具」残高が表示されます。

他方、間接法の場合は、「減価償却累計額」という勘定科目に、毎年の減価償却費の累計額が記録されていきます。そして、貸借対照表ではこの「減価償却累計額」が「車両運搬具」と共に併記され、さらに差引後の実質価額も表示されることになります。つまり、間接法の場合は直接法に比べて、これまで減価償却されてきた額や、もともとの価額（取得原価）も表示されるという点で優れています。

16 決算書を作成する

報告用の書類として体裁を整える作業である

■ 試算表を基に貸借対照表と損益計算書を作成することになる

　決算整理の次はいよいよ決算書の作成です。決算整理後の残高試算表の数字を基に、報告用の書類としての体裁を整えていく作業となります。

　まず、作業の流れとしては、試算表や精算表で計算された決算整理後の各勘定科目の金額を貸借対照表と損益計算書に転記し、次に貸借対照表の「繰越利益剰余金」の金額を計算して貸借対照表を完成させます。最後に株主資本等変動計算書やキャッシュ・フロー計算書などの決算書として必要な書類を作成するという順序で行います。

　転記作業に関して、決算書と残高試算表では勘定科目名の表示が変わる場合がありますので注意が必要です。たとえば「繰越商品」は貸借対照表には「商品」と表示されます。「仕入」は損益計算書には「当期商品仕入高」と表示させた上で、期首と期末の商品棚卸高を加減算して、当期の「売上原価」の金額を計算します。転記を済ませた段階で、損益計算書は概ね完成です。しかし貸借対照表の場合は、転記をした段階では左の借方と右の貸方の数値が一致しません。「当期純利益」の金額を「純資産の部」の「繰越利益剰余金」に加算することにより、左右が一致していることを確認します。

　最後に、貸借対照表と損益計算書以外の必要書類があれば、この時に作成します。たとえば株主資本等変動計算書やキャッシュ・フロー計算書です。これらの書類も、やはり決算整理後の残高試算表又は精算表などを基に作成します。また、決算書には「注記事項」といって、内容に関する重要な情報について欄外にコメントを付したり、注記表

という補足的な書類を作成する場合もあります。このような補足的な作業を終えて、決算書は完成です。完成した決算書については、表示金額、名称など誤りがないかしっかりチェックしましょう。

■ どんなことに注意すればよいのか

　試算表や精算表では設定した勘定科目ごとに1つずつ残高が表示されていますが、決算書ではある程度簡略化したり名称を変えたりして表示されている場合があります。たとえば、「現金」と「預金」を「現金・預金」と統合したり、規模の大きい会社では数値を千円単位や百万円単位で表示したりといった方法です。形式的なところでいえば、借方と貸方を左右に並べて表示する「勘定式」か、縦に上から表示する「報告式」かといったところも、会社によって異なります。これらの表示方法が過去の決算書と一貫性がなければ非常に読みづらいものになってしまいます。社内で表示方法のルールを定めて、それに従って作成されているかを確認する必要があります。

　また、決算書は債権者、株主など外部の者への報告のための書類ですので、提出先の求める形式に合わせなければなりません。通常は各年度ごとに、税務署や株主、もしくは上場企業等の場合には、金融庁等への提出に向けて、提出先の定める表示方法や計算方法で作成していくのですが、この決算書を公的機関等への諸手続きのために提出するという場合も中にはあります。この場合、法令等で独自の形式が定められていることもありますので、自社の決算書の形式が提出先に対応したものであるかどうか、確認が必要となります。

■ 残高試算表から貸借対照表への転記

決算整理後残高試算表

勘定科目	借方	貸方
現金	500,000	
普通預金	5,000,000	
定期預金	20,000,000	
受取手形	9,400,000	
売掛金	12,650,000	
繰越商品	2,500,000	
未収入金	50,000	
前払費用	300,000	
建物	40,000,000	
車両運搬具	5,000,000	
什器備品	2,000,000	
支払手形		10,000,000
買掛金		7,730,000
未払金		70,000
未払費用		200,000
預り金		350,000
短期借入金		5,000,000
長期借入金		30,000,000
貸倒引当金		150,000
減価償却累計額		29,350,000
資本金		10,000,000
売上		49,850,000

（資産のマイナス項目として表示）

貸借対照表 平成31年3月31日現在

資産の部		負債の部	
現金	500,000	支払手形	10,000,000
普通預金	5,000,000	買掛金	7,730,000
定期預金	20,000,000	未払金	70,000
受取手形	9,400,000	未払費用	200,000
売掛金	12,650,000	預り金	350,000
商品	2,500,000	短期借入金	5,000,000
未収入金	50,000	長期借入金	30,000,000
前払費用	300,000	負債の部合計	53,350,000
貸倒引当金	△150,000	純資産の部	
建物	40,000,000	資本金	10,000,000
車両運搬具	5,000,000	繰越利益剰余金	4,550,000
什器備品	2,000,000	純資産の部合計	14,550,000
減価償却累計額	△29,350,000		
資産の部合計	67,900,000	負債・純資産の部合計	67,900,000

（繰越商品ではない）
（当期純利益の額を追加）

※残高試算表と、貸借対照表及び損益計算書との関係をイメージしやすくするため、便宜上法人税等の計算は省略している。

■ 残高試算表から損益計算書への転記

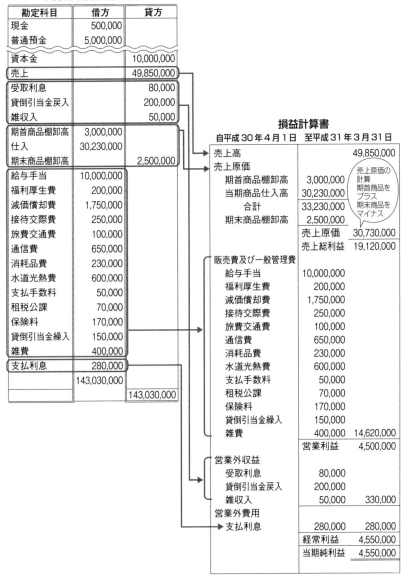

■ 貸借対照表（完成後）

貸借対照表
平成31年3月31日現在

資産の部		負債の部	
流動資産		流動負債	
現金	500,000	支払手形	10,000,000
普通預金	5,000,000	買掛金	7,730,000
定期預金	20,000,000	未払金	70,000
受取手形	9,400,000	未払費用	200,000
売掛金	12,650,000	預り金	350,000
商品	2,500,000	短期借入金	5,000,000
未収入金	50,000	流動負債合計	23,350,000
前払費用	300,000	固定負債	
貸倒引当金	△ 150,000	長期借入金	30,000,000
流動資産合計	50,250,000	固定負債合計	30,000,000
固定資産		負債の部合計	53,350,000
建物	40,000,000		
車両運搬具	5,000,000	純資産の部	
什器備品	2,000,000	資本金	10,000,000
減価償却累計額	△ 29,350,000	繰越利益剰余金	4,550,000
固定資産合計	17,650,000	純資産の部合計	14,550,000
資産の部合計	67,900,000	負債・純資産の部合計	67,900,000

■ 損益計算書（完成後）

損益計算書
自平成30年4月1日　至平成31年3月31日

売上高			49,850,000
売上原価			
	期首商品棚卸高	3,000,000	
	当期商品仕入高	30,230,000	
	合計	33,230,000	
	期末商品棚卸高	2,500,000	
	売上原価		30,730,000
	売上総利益		19,120,000
販売費及び一般管理費			
	給与手当	10,000,000	
	福利厚生費	200,000	
	減価償却費	1,750,000	
	接待交際費	250,000	
	旅費交通費	100,000	
	通信費	650,000	
	消耗品費	230,000	
	水道光熱費	600,000	
	支払手数料	50,000	
	租税公課	70000	
	保険料	170000	
	貸倒引当金繰入	150,000	
	雑費	400000	14,620,000
	営業利益		4,500,000
営業外収益			
	受取利息	80,000	
	雑収入	50,000	
	貸倒引当金戻入	200,000	330,000
営業外費用			
	支払利息	280,000	280,000
	経常利益		4,550,000
	当期純利益		4,550,000

第8章 ◆ 法人税申告書、決算書作成のしかた

索　引

あ

青色申告	227、229
インタレストカバレッジレシオ	141
売上原価	63、244
売上債権回転期間	140
売上総利益	72
売上高	63、161
売上高運転資本比率	130
売上高営業利益率	138
売上高経常利益率	139
売上高総利益率	138
売上高当期純利益率	139
運転資金	169
営業外損益	69
営業キャッシュ・フロー	178
営業利益	72、161

か

会計帳簿	192
外形標準課税	238
貸方	47
貸倒引当金	245
株価収益率	136
株価純資産倍率	137
株主資本	116
株主資本等変動計算書	24、55、172
株主資本利益率	135
借方	47
勘定科目	50、90、94、100、103、112
勘定式	121
期間対応	156
企業会計	37
キャッシュ・フロー計算書	24、55、174
均等割	232
繰延資産	103
経営分析	126
経常収支比率	140
経常利益	72、161
経理	20
決算	20、188
決算公告	160
決算書	44、248
決算整理	243
限界利益	76
減価償却	97、247
固定資産	96
固定長期適合率	129
固定費	75
固定比率	129
個別対応	155
個別注記表	24

さ

財務キャッシュ・フロー	179
仕掛品	82
資金	167
資金繰り	126、140
自己資本比率	132
資産の部	106
試算表	243、248
実現主義	153
資本剰余金	117
収益	58、153、245、246
修正申告	227
取得原価	124
純資産の部	116、119

所得	14	同族会社	201
剰余金	173	特別損益	70
白色申告	227		
仕訳	21、48	·········· は ··········	
人件費	67	発生主義	152
申告調整	196	販売費及び一般管理費	65
推計課税	230	引当金	114
製造原価	81	費用	58、152、245、246
製造原価報告書	84	負債の部	110、119
税引前当期純利益	73	別表	198、201、203、205、207、208
税務会計	37	変動費	75
税務調整	38	報告式	121
セグメント情報	184	法人	14
総勘定元帳	194	法人事業税	236
総資本回転率	136	法人住民税	232
総資本利益率	135	法人税	10
損益計算書	24、30、34、54、144、157、161	法人税の確定申告書	196
損益分岐点	77	法人税割	232
		簿記	44
·········· た ··········		補助簿	194
貸借対照表	23、25、27、53、86、144		
棚卸資産	93	·········· まやら ··········	
棚卸表	243	無形固定資産	96、100
地方法人税	235	有形固定資産	96、100
地方法人特別税	237	有利子負債キャッシュ・フロー倍率	134
中間申告	226、234	有利子負債比率	133
中小企業の会計に関する指針	19	利益	14、58、167
定額法	98	利益剰余金	117
定率法	98	利子割	233
電子申告	228	流動資産	92
当期純利益	73、161	流動比率	128
当座資産	93	留保金課税	212
当座比率	129	連結決算書	182
投資キャッシュ・フロー	178	連結子会社	183

【監修者紹介】
北川　ワタル（きたがわ　わたる）

公認会計士・税理士・経営革新等支援機関。特定非営利活動法人トランスペアレンシー・ジャパン監事、一般社団法人災害復旧復興支援機構監事。2001年に公認会計士二次試験合格後、監査法人トーマツ、太陽監査法人にて金融商品取引法監査、会社法監査に従事。上場企業の監査の他、リファーラル業務、IFRSアドバイザリー、IPO支援、デューデリジェンス、学校法人監査、金融機関監査等を経験。マネージャー及び主査として各フィールドワークを指揮するとともに、顧客セミナー、内部研修等の講師、ニュースレター、書籍等の執筆にも従事した。監査法人時代より、タイ、シンガポール、マレーシア、中国（香港、上海、昆山、深圳）、ミャンマーなど海外への出張も多く、現地工場や販社における原価計算、在庫管理、債権管理、資金管理等の検証、各国制度に関する情報収集に努めた。2012年、株式会社ダーチャコンセプトを設立して独立。スタートアップの支援からグループ会社の連結納税、国際税務アドバイザリーまで財務会計・税務を中心とした幅広いサービスを提供。
共著として「重要項目ピックアップ 固定資産の会計・税務完全ガイド」（税務経理協会）、監修書として「税金のしくみと手続きがわかる事典」「アパート・マンション・民泊経営をめぐる法律と税務」（小社刊）がある。

事業者必携
入門図解　中小企業経営者のための
法人税と決算書のしくみと手続き

2018年11月30日　第1刷発行

監修者	北川ワタル
発行者	前田俊秀
発行所	株式会社三修社
	〒150-0001　東京都渋谷区神宮前2-2-22
	TEL　03-3405-4511　FAX　03-3405-4522
	振替　00190-9-72758
	http://www.sanshusha.co.jp
	編集担当　北村英治
印刷所	萩原印刷株式会社
製本所	牧製本印刷株式会社

©2018 W. Kitagawa Printed in Japan
ISBN978-4-384-04799-8 C2032

JCOPY〈出版者著作権管理機構 委託出版物〉
本書の無断複製は著作権法上での例外を除き禁じられています。複製される場合は、そのつど事前に、出版者著作権管理機構（電話 03-3513-6969　FAX 03-3513-6979　e-mail: info@jcopy.or.jp）の許諾を得てください。